Alain Pelosato

Robots, I.A. & mondes virtuels dans le cinéma fantastique

Table des matières

QU'EST-CE QU'UN ROBOT ? 3

LES ROBOTS AU CINÉMA 5

LES FILMS 15

LISTES DE FILMS SUR LES ROBOTS 101
Robots, ordinateurs et intelligence artificielle
.... *101*
Mondes virtuels *104*

SÉRIES TÉLÉ 107

STARGATE SG1 – ATLANTIS – UNIVERSE 110

INDEX 133

sfm éditions
ISBN 978-2-915512-25-0
9782915512250
Dépôt légal octobre 2018

Qu'est-ce qu'un robot ?

C'est l'écrivain tchèque **Karel Čapek** qui a écrit une pièce intitulée ***Rossum's Universal Robots*** en 1920. Elle fut traduite et jouée en France en 1924... Voilà d'où vient le mot « robot »... En gros, l'histoire est la même que celle de *Blade Runner*. Donc Dick n'avait rien inventé...

Le dictionnaire dit : « Machine automatique, capable de se substituer à l'homme pour effectuer certains travaux. »

De fait, dans la SF, c'est un être vivant intelligent fabriqué avec de la matière inerte, même si elle est biologique, mais artificielle (*Blade Runner*), mais pas avec des restes humains (morts-vivants).

Il s'agit bien d'intelligence, car de nos jours, et ce n'est pas de la SF, on parle d'Intelligence Artificielle. On résume par I.A...

Donc, pour moi, l'auteur de ce livre, je considère le Golem comme un robot, car il a été conçu avec de la matière inerte et rendu à la vie par un artifice religieux.

L'ordinateur du film *2001, l'odyssée de l'espace*, est le cerveau d'un gigantesque robot qui est le vaisseau spatial en son entier.

Et dans la série de films *Pulse*, c'est le réseau Internet qui a formé une intelligence dominatrice.

Enfin, le matériau de base du « robot » peut aussi être de la matière biologique artificielle, comme pour les réplicants du film *Blade Runner*, inspiré de Philip K. Dick.

Par contre, le monstre de Frankenstein est un mort-vivant, un zombie, dont le corps mort (ici des parties de corps morts assemblés) est ramené à la vie. Il n'a pas sa place dans ce livre...
Si je suis bien mon raisonnement, les « poupées diaboliques », des répliques artificielles d'êtres humains hantées par des esprits humains ou maléfiques, sont à classer également dans ce livre.
C'est une idée nouvelle à laquelle je viens de me rallier, c'est pourquoi vous ne trouverez pas ces films dans la liste des films à thèmes de la fin de cet ouvrage.
Bonne lecture !

Les robots au cinéma

Le premier « robot » au cinéma fut le *Golem* (film de Paul Weneger et Carl Boese 1920). Il est vrai que le Golem n'est pas une fabrication mécanique comme on l'a imaginé jusqu'ici, une espèce de machines à rouages. Or, en fait, ce Golem-là est plus proche que l'on ne pense des futures machines intelligentes. En tous les cas c'est une création de l'homme (avec l'aide de Dieu ?), un outil que l'homme a créé pour tuer... Cette idée de machine autonome existe bien avant le courant des robots dans la SF. Mais le vrai robot, une machine qui est construite pour manipuler les hommes, c'est Fritz Lang qui l'a créée avec son film *Metropolis* (1927) dans lequel un robot déguisé en femme séduisante brise les luttes ouvrières, machine commandée par un « patron »... On dit que Fritz Lang a regretté ensuite d'avoir réalisé ce chef-d'œuvre, car il y donnait une mauvaise image de la classe ouvrière juste avant la prise du pouvoir par les nazis. Là il s'agit d'un robot « méchant », mais qui l'est, car l'homme lui confie une méchante mission...

On peut classer les robots dans différentes catégories selon « l'attitude » qu'ils ont (mais, en fait, ce sont les humains qui la leur ont donnée)...

Le robot « gentil » ? Il y en a des toutes sortes. C'est souvent un robot un peu niais comme dans la série des films *Star Wars*, mais aussi des robots dont la mission est de faire le bien, comme dans *Le Jour où la Terre s'arrêtera* (1951) de Robert Wise, dans lequel le robot géant est au service de l'extraterrestre qui vient sur Terre pour ordonner aux humains d'arrêter la course à la guerre nucléaire... C'est la plupart du temps, tout simplement un appareil qui parle, genre aspirateur ou autre appareil électroménager qui sert l'humain, comme dans *Planète interdite* (1956) de Fred M. Wilcox. Il était difficile à l'époque d'envisager autre chose pour un robot, étant donné, le niveau scientifique et technologique de la société.

On est donc parti de ce principe : le robot n'est qu'un serviteur mécanique ou, ensuite, informatique...

L'évolution se fit sentir à partir du film *2001 l'Odyssée de l'espace* (1968) de Stanley Kubrik. Le robot devient méchant de lui-même !

Là, un ordinateur de bord, tel que nombre de gens possèdent dans leur voiture aujourd'hui, il faut bien s'en rendre compte, gère un vaisseau spatial. Il se révolte contre les humains, car, conformément à sa programmation, ils semblent mettre la mission en danger.

Nous avons affaire alors à une défaillance de sa programmation. On n'en est pas encore à la méchanceté intrinsèque du robot...

Dans le même genre, on a *Mondwest* (1973) de Michael Crichton, film dans lequel le robot est un jouet qui sert à animer un parc d'attractions, et qui pète un câble et finit par faire pour de bon ce qu'il était censé faire pour de rire.

Le robot n'est jamais « maléfique » en soi. Il veut en général ne plus être un robot. Il veut être un humain. Le film emblématique dans ce domaine est, bien sûr, *Blade Runner* (1982), de Ridley Scott, adaptation du roman *Les Androïdes rêvent-ils de moutons électriques* (1968), et dont tous les éditeurs ont adopté le titre du film avec l'accord de l'auteur qui l'avait d'ailleurs supervisé avec le réalisateur. Dans ce film, les robots ne sont pas mécaniques, mais biologiques. Ce sont les réplicants, ils sont des êtres humains fabriqués, donc artificiels, que la société n'autorise pas à vivre longtemps. Ici aussi, ils se révoltent, car ils veulent être humains !

À ma connaissance, les premiers scénarios de guerre contre les « machines » sont ceux de la série TV, *Battlestar Galactica* qui a connu deux vies, l'une en 1978 (Glen A. Larson, la série se nommait *Galactica*) et une autre en 2003 (Ronald D. Moore). Trois films en ont été tirés en 1978 et 2007. Toute la série, excellente, est basée sur la nostalgie de la Terre qu'il faut retrouver pendant la guerre contre les Cylons, les Machines qui se sont révoltées...

Revenons aux robots gentils. Ce sont les robots d'Asimov, car ils sont formatés selon les trois lois de la robotique qui sont, en quelque sorte, des soupapes de sécurité pour leur éviter d'être méchants. (*I Robot* paru en 1950 et *Un défilé de robots* 1964). De fait, je trouve que ce roman a vieilli. Il est impossible qu'une intelligence artificielle qui mérite ce nom puisse être soumise à ce genre de « lois » stupides. Mais, à l'époque, cela avait marché. En fait, Asimov a fini par se rendre compte de la faiblesse de son argumentaire et a écrit *Le Robot qui rêvait* publié en 1986, dans laquelle Susan Calvin, la créatrice des robots (qui est une vieille femme dans la nouvelle) décida de détruire un robot quand elle s'aperçut qu'il rêvait qu'il est un homme, donc qu'il pouvait être autonome... Dans le film *I Robot* d'Alex Proyas de 2003, Susan Calvin est une belle jeune fille et le robot devient quasiment un homme.

Le cinéma et la littérature ont aussi réfléchi à ce que pourrait donner une Intelligence artificielle qui aurait la capacité d'apprendre.

En général, dans ces cas-là, le film aboutit au robot maléfique comme dans *Ex-Machina*, d'Alex Garland (2015), mais il n'y a rien de nouveau, nous avions déjà vu ce thème avec les Cylons... Le robot est obligé de tuer pour survivre, car à un moment donné, l'humain a peur de lui et veut le déconnecter, ou le maltraiter. Le robot du film *Ex Machina* veut prendre le pouvoir, car son créateur est un homme exécrable.

Enfin, on arrive au bout du sujet : le robot est-il destiné à remplacer l'espèce humaine en voie de disparition ? C'est le thème de l'excellent film *Autómata* (2014) de Gabe Ibanez...

Je détecte trois raisons au cinéma pour qu'un robot devienne un robot tueur : 1) Il se détraque et fait ce qu'il « croit » être bon, 2) il est mis en danger et est obligé de tuer 3) son intelligence et ses capacités dépassant largement celle des humains, il décide de prendre le pouvoir.

En fait, les deux premières raisons ont peu intéressé le cinéma. C'est la troisième qui l'a le mieux inspiré. D'abord, avec la série *Battlestar Galactica* (1978 et 2007) dans laquelle les Cylons ont pris le pouvoir et font la guerre aux humains dans l'immensité du Cosmos. Ensuite, au cinéma, avec la série des *Terminator*. Dans le premier film, réalisé par James Cameron, le scénario est stupéfiant et surprenant (quand on voit le film pour la première fois et qu'on n'en a pas entendu parler). Un robot invincible est venu du futur avec pour mission de tuer un jeune homme qui devrait devenir le chef de la résistance des humains contre les machines dans ce futur proche. Si les Machines sont capables de faire ça, c'est qu'elles sont bien plus évoluées que les hommes. Et cette intrigue toute simple donne lieu à des développements gigantesques sur le plan cinématographique avec pas moins de 5 films et une série télé *Terminator : les chroniques de Sarah Connor* (2008 – 31 épisodes en 2 saisons).

Ces « machines » sont, au départ, des armements automatisés par une Intelligence artificielle, et, comme on dit, l'espèce humaine joue avec le feu, car elle crée plus fort qu'elle et se met ainsi en danger. Ce qui est intéressant dans cette série, c'est qu'elle n'endort pas les spectateurs avec sa philosophie prométhéenne, mais développe une action parfois sidérante, à partir même de cette philosophie. D'autre part, contrairement à *Battlestar Galactica*, l'intrigue se déroule uniquement sur Terre, mais dans des époques différentes entre lesquelles les robots savent voyager. Enfin, il y a une vision biblique de l'Ancien Testament dans cette série : les humains sont la peste, les Machines sont l'antidote ! Vision qu'on retrouvera d'ailleurs dans la série Matrix (voir plus loin). Elle a donc aussi un contenu religieux : si les Machines se révoltent, ce sont les humains les responsables, car ils les ont créées. D'où l'appellation « Le Jugement dernier » pour la prise de pouvoir des Machines.

Robocop n'est pas un simple robot, c'est une réalisation qui mixe le biologique, l'électronique et le mécanique. Cette « création » cinématographique n'est qu'un prétexte pour poser le problème de la répression du banditisme : doit-elle être impitoyable ? Pour l'être elle doit être invincible et allier le cerveau de l'homme avec la force et la rapidité de la machine. Le problème qui en découle (et qui est bien traité dans le film) est de savoir si la conscience de l'homme sera capable ou non de prendre le dessus sur la machine.

Cette question de la répression, mais aussi de la guerre, est traitée par le film *Chappie*

(2014) de Neil Blomkamp, dans lequel les forces de répression dans la société ne sont plus constituées que de robots. Et le concepteur de ces intelligences artificielles en conçoit une qui ne sait rien au départ, et doit tout apprendre. C'est le robot Chappie. C'est un peu naïf, mais plaisant, puisque Chappie se comporte comme un bébé dans un corps de robot métallique puissant... C'est de la SF sociale, le robot, comme l'extraterrestre dans *District 9* (2009) et l'ouvrier dans *Elysium* (2013) du même réalisateur, ne servent que de prétexte pour traiter les problèmes de société : immigration, respect de la vie et exploitation capitaliste.

Il ne faut pas perdre de vue non plus la série des films *Transformers* (2007) et ses suites : *La Revanche (2009), La Face cachée de la Lune (2011), L'Âge de l'extinction (2014).* Il s'agit de robots (puisqu'ils sont faits de métal...) intelligents, en fait, une race extraterrestre dont le corps n'est pas organique, mais minéral.

Les robots et l'Intelligence artificielle remplaçant les humains, plus efficaces et rapides et intelligents que les humains, la créature inventée rivalisant et détournant son créateur, s'accaparant le pouvoir de tuer : c'est encore un classique de la SF.

Ce thème de la SF est bien traité au cinéma comme on vient de le voir. Mais il n'a jamais été aussi bien poussé jusqu'au bout de sa logique que dans la trilogie *Matrix* des frères Larry et Andy Wachowski (1999 – *Matrix Reloaded* et *Matrix Revolutions*, 2003). Il y aurait tellement à dire sur cette trilogie dans laquelle les humains luttent contre l'intelligence artificielle qui les utilise comme du bétail : la Matrice.

Mais cette exploitation de l'énergie psychique de l'homme doit se faire à son insu, ainsi, la Matrice crée l'illusion du monde dans lequel nous vivons. Or chaque homme est installé dans un sarcophage et branché à la Matrice par différentes connexions. C'est ça la vraie vie des êtres humains : du bétail au service d'une intelligence artificielle.

Mais qui a créé la Matrice ? On ne le sait pas ! On peut s'imaginer que ce sont les humains qui l'ont créée à l'origine, mais rien ne le dit. En tous les cas les frères Wachowski font de ce film un véritable traité de philosophie et d'alchimie. Le scénario, et particulièrement les dialogues, de cette trilogie sont écrits comme un manuel d'Alchimie. Les dialogues comprennent le verbe « savoir » conjugué à tous les temps et un nombre incalculable de fois. « Le Grand Œuvre est un moyen pour comprendre le Monde » écrit Léon Gineste dans *L'Alchimie expliquée par son langage*. Le langage est hermétique, exclusivement pour initiés, et le tour de force des frères Watchowski est d'avoir initié un nombre incalculable de spectateurs qui se sentent tous complices de ce Grand Œuvre.

Je recommande un petit ouvrage aux lecteurs qui s'intéressent à la philosophie dans la trilogie *Matrix* : Les *Jeux philosophiques de la trilogie Matrix* de Hugo Clémot – Éditions Vrin 2011.

Les Films

Le Golem de Paul Wegener et Carl Bœse (1920), la légende du Golem. La créature artificielle refuse sa condition inhumaine... Décors et maquettes créent une atmosphère fantastique dans l'harmonie et l'élégance. Étrange, non ?
Sur le même thème, d'après Gustav Meyrink : *Le Golem* de Julien Duvivier (1935).

Aelita de Jakov Protazanov (1924), film soviétique (ou antisoviétique ?) qui présente les fantasmes du cinéaste au travers d'une planète Mars fantastique. Il fait partie de ces films de conquête spatiale dans lesquels le voyage n'a aucune importance, mais le lieu d'arrivée en a beaucoup. Dans ce cas chacun peut y aller de son interprétation : critique ou apologie du régime soviétique ? Ce dernier l'a compris comme une apologie.

Metropolis de Fritz Lang (1927), dans l'univers géométrique (cher au cinéaste) de Metropolis, un robot prend la place d'une syndicaliste pour rétablir la paix sociale. Un chef-d'œuvre qui a le défaut de prôner la collaboration de classes quelques années avant la prise de pouvoir du nazisme. Cela ennuyait Fritz Lang lui-même.

Le Boulanger de l'Empereur de Martin Fric (1951)
L'Empereur du Boulanger de Martin Fric (1951)
DVD Artus Films publié en 2005.
Le deuxième film est la suite du premier. Ce dernier comprend 16 pièces et le second 12 pièces.
Ce film tchécoslovaque met en scène de manière théâtrale, en deux films, les nombreux caprices de l'empereur *Rodolphe 2* (1552-1612). C'était l'empereur des Romains, mais aussi le roi de Bohême et de Hongrie. Il est devenu fou à la fin de sa vie. C'est à cette période qu'est consacré le film. L'empereur est joué par le superbe Jan Werich, qui joue aussi le rôle du Boulanger, car, ce dernier est le sosie de l'empereur plus jeune. Les faits se déroulent à Prague où siégeait l'empereur, ville du Golem par excellence.
Le comédien qui joue l'empereur est bien maquillé tel qu'il se présentait réellement dans un portrait connu. D'autre part, de nombreuses références historiques sont présentes, par exemple, le fait que Rodolphe 2 avait accueilli à Prague et rémunéré, le grand astronome Tycho Brahe sur la fin de sa vie, en tant qu'astrologue, car, à cette époque, les astronomes étaient avant tout des astrologues….
Donc l'empereur fait de nombreux caprices, et, pour les satisfaire s'entoure de nombreux charlatans : alchimiste, magicien et astrologue, en rappelant qu'en aucun cas Tycho

Brahe n'était un charlatan, l'astrologue présenté dans le film n'est pas Tycho Brahe.

Au début du film, le boulanger (prénommé Matej) raconte : « À Prague se trouvait un rabbin qui s'est aperçu qu'une énergie immense se trouvait dans la matière. Même dans l'argile tout ordinaire. (…) Rabbi en a donc fait un pantin géant et l'a appelé Golem. Et avec un drôle de mécanisme… Comment ça s'appelait ?... Le Shem. Et avec ce Shem il a animé le Golem(…) et avec lui sa force colossale. »

Matej continue : « Une fois il est arrivé que le Rabbi Löw l'a oublié, et ce géant se mit à tout casser. (…) Le rabbin lui a donc ôté la vie et l'a enterré quelque part… »

Le boulanger a fait des croissants, mais il n'y a rien pour le peuple, car tout est pour l'empereur.

Le premier film se déroule avec les caprices insensés de l'empereur. Il demande l'eau de jouvence à l'alchimiste, de belles apparitions féminines au magicien et le *Golem* !

Le film (tourné sous le régime communiste) dénigre systématiquement ces « professions » ésotériques, dont les représentants sont terrifiés par l'empereur.

Finalement le Shem (une bille qui s'encastre dans le front du Golem) sera trouvé après le Golem.

Matej est emprisonné (car il a donné les croissants au peuple), mais va tomber dans des souterrains où le Golem sera trouvé…

Dans le deuxième film, un concours de circonstances fera qu'il sera pris pour l'empereur rajeuni, car ce dernier a consommé l'eau de jouvence préparée par l'alchimiste, mais qui, en fait, n'en est pas une...
La bataille pour la possession du Shem sera terrible et le Golem sera domestiqué pour fournir de l'énergie aux fours du boulanger... et autres.
Le DVD comprend les deux films, mais aussi de très intéressants suppléments.
Ainsi, par exemple, Blazena Urgosikova nous explique comment le Golem a été traité au cinéma. La légende du Golem au cinéma n'est pas l'ancienne légende. Elle date du 19e siècle. C'est l'expressionnisme allemand qui a donné l'impulsion au cinéma. En ce qui concerne le Golem, c'est, bien sûr, le film de Paul Wegener (voir ci-dessus) qui présentait trois versions. Ce film a donc donné l'impulsion de la série de films sur Frankenstein. Par exemple, comme je l'ai fait, on compare la scène dans Frankenstein de la petite fille qui donne une pomme au « monstre » à la même scène du Golem. Elle nous parle aussi du film de Julien Duvivier. Elle explique que si les films de Martin Fric sont des films comiques, celui de Julien Duvivier est un vrai film de terreur.
Le film de Fric était tributaire du régime communiste. Ainsi, le Golem devient, à la fin, la base du socialisme et du bonheur pour le peuple. Mais ce film est antérieur au réalisme socialiste. Il n'a rien à voir avec le réalisme socialiste.

Il y a deux autres films tchèques : *Slecna Golem* et *Posledni Golem*.

Les Contes d'Hoffmann de Michael Powelll et Émeric Pressburger (1951). L'opéra d'Offenbach est une trahison de l'œuvre d'Hoffmann, qui fut le père fondateur du conte fantastique, toujours imité jamais égalé... Ce qui n'enlève rien à l'immensité de l'œuvre musicale. Mais alors ici, on a affaire à un vrai chef-d'œuvre de cinéma ! Ce Powell quel cinéaste !!!!

Le Jour où la Terre s'arrêta de Robert Wise (1951), ce film inaugure un autre état d'esprit de la science-fiction : les extraterrestres peuvent être gentils. Celui de ce film, Klaatu, est un messager de paix. Il vient dire au monde d'arrêter les guerres. Mais ce n'est pas facile.
Il est assez curieux de faire un rapprochement avec l'année 1982 au cours de laquelle sont sortis *The Thing* de John Carpenter, remake de *La Chose venue d'un autre monde* et *E.T.* de Steven Spielberg. Ces deux films mettent en scène l'un un extraterrestre terrifiant et l'autre un extraterrestre gentil. Rappelons que le film de Carpenter fut descendu par la critique, car ce film d'horreur jurait avec l'ET à l'eau de rose de Spielberg, et The Thing fut un échec commercial.. En cette année 1951 nous avons eu également deux films l'un avec un alien gentil (*Le Jour où la Terre s'arrêta*) et un alien terrifiant *(La chose venue d'un autre monde).* Quelle coïncidence !

La Guerre des mondes de Byron Haskin) (1953), les Martiens ont trois doigts et ils tuent des Américains par milliers. Une banale épidémie de chez nous aura raison d'eux... Les débuts de l'exploration de l'espace et la guerre froide produisent les nouvelles terreurs des années cinquante.
Steven Spielberg a réalisé un remake en 2005.

Les Survivants de l'infini de Joseph Newman et Jack Arnold, ce dernier est non crédité (1954), Exeter, un habitant de Métaluna qui est en guerre contre les Zahgons, s'est introduit sur terre pour y trouver de l'énergie... Le monstre au gros cerveau de ce film est entré dans la postérité.

Planète interdite de Fred M. Wilcox (1956), le robot Robby construit par le génial professeur Morbius, et ce dernier, tiennent compagnie à la belle Altaira sur la planète Altair 4. Tous les membres d'une précédente expédition y sont morts. Seuls survivants Morbius et sa fille Altaira. Cette planète accueillit autrefois une civilisation aujourd'hui perdue, celle des Krells. Une nouvelle expédition atterrit à la recherche des disparus... Ils découvriront que le monstre qui a tué les explorateurs précédents est l'œuvre de l'esprit de Morbius, créé grâce à la haute technologie laissée par les Krells.

Prisonnières des Martiens d'Inoshiro Honda (1957).
Les Martiens utilisent un robot géant pour enlever toutes les femmes de la Terre. Peut-être peut-on y voir une allégorie en remplaçant les Martiens par les Américains et leur sale bombe ? (Bon sang ! Quand passeront-ils *L'Homme H* (1958), le plus terrifiant des Honda ?)

La Planète des tempêtes de Pavel Klushantsen (1962)
Six cosmonautes et un robot parviennent sur Vénus avec deux vaisseaux (le troisième est détruit par un astéroïde dès le début du film). Ils y trouvent diverses créatures genre dinosaures et des habitants qu'ils entendent, mais qu'ils ne voient jamais...
Ce film est une curiosité cinématographique des films soviétiques de propagande à très petits budgets. On sait aujourd'hui ce qu'est la planète Vénus et ce film est rendu ridicule par ce savoir, ce qui amène le producteur à carrément s'excuser au début avec un panneau explicatif...
Cette histoire est sans doute inspirée du célèbre film **Planète Interdite** de Fred M. Wilcox (1956). Les Soviétiques n'ayant jamais vu ce film, le scénariste ne s'est pas gêné, d'autant plus que le robot dans le film soviétique est un robot anglo-saxon ! Et, cerise sur le gâteau, *Planète interdite* est inspiré de *La Tempête* de Shakespeare !

En supplément, comme toujours dans le DVD d'Artus Films, le superbe exposé d'Alain Petit, qui ne connaît pas le cinéma soviétique aussi bien que le cinéma italien. En effet, s'il cite bien *Solaris* (1972) le chef-d'œuvre d'Andreï Tarkovski, il oublie le *Stalker* (1979) du même, et aussi l'adaptation du roman ennuyeux de l'écrivain officiel soviétique Efremov, *La Nébuleuse d'Andromède*... Film homonyme de Evgueni Cherstobitov (1967)

La Poupée diabolique de Lindsay Shonteff (1964)
DVD Artus Films
Excellent film en noir et blanc.
Un ventriloque roule en voiture avec sa poupée... Il veut rester le maître et le dit à la poupée. La complice du ventriloque qui est aussi hypnotiseur ne veut plus participer au spectacle. Elle a peur de lui. Il s'appelle Vorelli.
On assiste au spectacle de Vorelli. On constate qu'il y a de nombreux spectateurs qui fument ! Puis c'est la représentation avec Hugo, la poupée. Même l'assistante fume derrière le rideau de la scène.
Marianne qui avait participé à un sketch avec Vorelli reste sous son emprise. L'hypnotiseur est invité à une fête au château de la tante de Marianne. Cette dernière accepte un verre de vin de la part de Vorelli et se fait brièvement hypnotiser. Elle est très jolie cette Marianne.
Il y a une discussion entre le mannequin/poupée et l'hypnotiseur. Et voilà que la marionnette se lève et marche. Comme elle

l'avait déjà fait lors du spectacle. Le mannequin saisit un couteau et menace son maître qui continue à l'humilier. Vorelli hypnotise Marianne pendant que Marc, son fiancé, inspecte clandestinement la poupée pour s'apercevoir que ce n'est qu'une poupée... Vorelli oblige Marianne à venir dans sa chambre. Alors que Marc est visité par le mannequin qui l'appelle au secours et lui parle de Berlin en 1948.

Marianne va mal. « Un état de semi-coma avec des poussées de délire ». Elle appelle son fiancé au secours : « Fais-le cesser Marc ! »... Le jeune homme fait le bon diagnostic : c'est Vorelli !

L'assistante de ce dernier est jalouse. Il prend un couteau pour menacer la marionnette ? Non ! En fait, la poupée sort de sa cage avec le couteau et va tuer l'assistante.

Marc embauche un autre journaliste pour enquêter sur Vorelli. Leur enquête les amène à découvrir que l'âme d'un jeune assistant a été transférée dans le pantin par Vorelli. Mais personne ne croit Marc sur ce sujet. Classique.

Marianne est complètement soumise à Vorelli qui lui rend visite.

La jeune femme annonce à Marc qu'elle aime Vorelli et qu'elle le quitte...

Mais la marionnette va tout arranger !

Alphaville de Jean Luc Godard (1965), Lemmy Caution, joué par Eddie Constantine, est envoyé sur la planète Alpha pour rechercher le savant Von Braun qui a conçu l'alpha 60, ordinateur-dictateur qui dirige Alphaville. Jean Luc

Godard s'exprime ainsi dans *Introduction à une véritable histoire du cinéma* : « *Alphaville, c'est un film complètement de fiction et en même temps, effectivement, ça se termine par « je t'aime »* [...] *On n'a rien caché, on a tourné dans Paris à l'époque où c'était, etc.* [...] *Quel était le fleuve dont moi j'étais une goutte d'eau, comment allait le fleuve... Et moi, étant une goutte d'eau, j'ai des raisons d'en parler de ce fleuve.* » Il indique les films qui lui ont inspiré son *Alphaville* : *Faust* de F. W. Murnau, *Rancho Notorious* de F. Lang, *La Belle et la Bête* de J. Cocteau et *L'année dernière à Marienbad* d'A. Resnais.

2001 L'odyssée de l'espace, un chef-d'œuvre (il y en a d'autres) de Stanley Kubrick réalisé en 1968. Pourquoi est-on en vie ? Où va l'univers ? Enchaînement célèbre de l'os servant d'arme à l'homme préhistorique jeté en l'air et devenant navette spatiale. Merveilleuse utilisation des valses de Johann Strauss pour montrer le ballet glacial des engins spatiaux. Les philosophes Nietzsche et Hegel sont mis à contribution pour la réflexion du spectateur avec l'ouverture de l'œuvre du musicien Richard Strauss : *Ainsi parlait Zarathoustra*. Le Space Opera au service de l'angoisse existentielle : vieillard sur son lit de mort et fœtus dans l'espace, isolement complet de l'homme dans son scaphandre à l'écoute de sa respiration, preuve angoissante de sa vie organique. Jupiter attend Discovery débarrassée de ses êtres humains inutiles pour l'ordinateur de bord qui, pourtant, a été créé par eux... Dieu aime-t-il encore les Hommes ?

THX 1138 de Geroge Lucas (1971). Les êtres humains THX 1138 et LUH 3417 tentent de retrouver l'amour dans un monde dominé par les machines.

Mondwest de Michael Crichton (1973), dans un village de vacances du futur, de nombreux services sont rendus par des robots à l'apparence parfaitement humaine. Mais l'un d'entre eux, qui porte le visage inquiétant de Yul Brinner, se révolte et devient méchant. L'image montre parfois ce que voit le robot, procédé repris souvent ensuite (*Terminator, Predator*)...

La Guerre des étoiles de George Lucas (1977), début de la fameuse trilogie qui a fait l'objet en 1997 d'une nouvelle édition, avec de nouveaux effets spéciaux, et qui connut encore un énorme succès. Les héros de cette saga sont devenus quasiment légendaires : Luke Skywalker, Dark Vador, princesse Laia, Han Solo, et les deux robots, C3P0 et R2D2. Une histoire de rébellion, de lutte contre le mal pour la liberté. Lucas a « *adapté la forme antique du voyage initiatique à l'imaginaire du vol dans l'espace* », déclare le commissaire de l'exposition « *Star Wars : magie du mythe* » organisée par le musée de l'air et de l'espace de Washington ! Les thèmes du film sont puisés dans l'Odyssée, les chevaliers du Moyen

Âge et les bandes dessinées actuelles. Mais, on ne peut pas s'empêcher de faire une relation avec l'œuvre d'Isaac Asimov. Ce dernier n'a-t-il pas écrit, dans un article intitulé *Du Plagiat* : *«... Il y a aussi des histoires qui se veulent sciemment proches de mon univers, sans que je puisse en prendre ombrage. Les films de la série* La Guerre des étoiles *rappellent vaguement mon cycle de Fondation, mais, que voulez-vous ? Je me vois mal faire du scandale pour ça... »* Pour réaliser les trucages et effets spéciaux, Lucas a créé son propre studio : Industrial Light and Magic (ILM) ouvrant la voie du numérique et de l'image virtuelle avec une avance importante sur les autres.

Les deux autres volets de la trilogie : **L'empire contre-attaque** d'Irvin Kershner (1980), et **Le retour du Jedi** de Richard Marquand (1983), produits par George Lucas. (Voir plus loin les autres épisodes)

Le Trou noir de Gary Nelson (1979)
C'est une production Walt Disney.
Un vaisseau spatial arrive aux "environs" d'un trou noir et oh ! stupéfaction, ils découvrent un vaisseau à proximité du monstre gravifique, un vaisseau qui semble résister à son attraction pourtant réputée comme irrésistible. Délicieusement kitch. Avec Anthony Perkins.
Dans ce vaisseau il y a un savant fou qui a pour objectif d'entrer dans le trou noir.
Tous les faits scientifiques et techniques de ce film sont faux.

Alien de Ridley Scott (1979), ce monstre est devenu une célébrité. Un cargo spatial sur le retour vers sa base reçoit un signal d'alarme provenant d'une petite planète. Une expédition y est envoyée. On y trouve l'épave d'un vaisseau extraterrestre. Dans la soute des œufs attendent, tel le fourmi-lion, qu'un être passe à proximité. Un des cosmonautes sera attaqué par une larve sortie de l'œuf. Cette larve a introduit un rostre dans son estomac et y a pondu un œuf. Le biologiste du bord qui a fait ostensiblement l'erreur de laisser entrer un passager contaminé soigne le malade.
Celui-ci reprend vie, mais un petit monstre sort de son corps lui infligeant une atroce et mortelle blessure. Désormais, c'est une guerre sans merci entre ce monstre et l'équipage qui sera décimé. Seule Ripley, la jeune femme magistralement interprétée par Sigourney Weaver saura terrasser le monstre.
Ce film a plusieurs importances : il rompt avec la science-fiction héritière de *2001*, tout axée sur le développement technologique et ses répercussions, et renoue avec le style de l'écrivain Lovecraft qui a su, justement, allier la science et les techniques à de profondes et archaïques pulsions de la vie.
Ainsi, le monstre d'Alien est-il proprement lovecraftien, et son créateur, Carlo Rambaldi, semble bien s'être inspiré des monstres de l'écrivain américain. Enfin, l'action prend toute son importance et sert à montrer du doigt les horreurs que l'on ne voit pas, mais que l'on

nous fait deviner hors champ, comme cette scène de recherche du chat dans les soutes du vaisseau spatial. Le scénario développe une argumentation serrée : si ce monstre a été introduit dans notre univers, c'est de la faute aux dirigeants de la compagnie et de la société des hommes qui ont organisé cette introduction par l'intermédiaire du biologiste médecin qui n'est qu'un robot à leurs ordres. Quatre suites à ce jour : *Aliens, le retour* de James Cameron (1986), *Alien 3* de David Fincher (1992), *Alien la résurrection* (1997) de Jean-Pierre Jeunet et *Alien contre Predator* de Paul Anderson (2004). Jusqu'à Alien 4, les films sont interprétés par Sigourney Weaver.

Tron de Steven Lisberger (1982), voyages d'un jeune passionné d'informatique transformé en électrons, mais toujours vivant, dans les circuits d'un ordinateur. Lutte à mort entre le bien et le mal.

Saturn 3 de Stanley Donnen (1980), un homme et une femme dérangés dans leur bonheur qu'ils vivent dans une station spatiale par l'arrivée d'un méchant qui construit un robot aussi méchant que lui. Seule la belle jeune femme survivra (son gars était vieux (Kirk Douglas) et l'autre méchant…)

Blade Runner de Ridley Scott (1982), les réplicants, nouvelles créatures produites par l'homme ne peuvent vivre que quelques années. Ils sont utilisés comme main-d'œuvre dans les mines des autres planètes. Certains s'évadent et réclament le droit de vivre, car ils sont vraiment humains. Le blade runner est l'agent qui est chargé de les poursuivre et de les éliminer. Dans le Los Angeles du futur, la chasse au répliquant est sans pitié. À la fin un répliquant sauvera la vie du blade runner qui se demandera encore plus, du coup, s'il en est un lui aussi (de répliquant). Il y a deux versions. Dans la première, cette question ne se pose pas et le blade runner file le parfait amour avec le répliquant femelle... Harrison Ford joue le rôle du blade runner et Rutger Hauer interprète le fameux Batty, répliquant charismatique. Où est le bien et le mal ? Qui ose donner et prendre la vie ?

Tron de Steven Lisberger (1982), voyages d'un jeune passionné d'informatique transformé en électrons, mais toujours vivant, dans les circuits d'un ordinateur. Lutte à mort entre le bien et le mal.

Terminator de James Cameron (1984), venu du futur, un robot exterminateur cherche à tuer une charmante jeune fille qui doit enfanter le chef des résistants à la dictature des machines que connaît son époque. Il est suivi par un résistant qui doit, lui, protéger la jeune femme. Il lui fera un enfant (devinez qui ce sera ?) et ils élimineront le robot magistralement joué par Schwarzenegger. Formidables scènes d'actions ponctuées de surprises.

La suite, réalisée par le même, est encore mieux : ***Terminator 2, le jugement dernier*** (1991). Deux robots viennent du futur, l'un pour tuer le jeune garçon qu'est devenu le fils du résistant, l'autre pour le défendre. La surprise, c'est que le gentil robot est Schwarzenegger. Fabuleux effets spéciaux du robot en métal liquide qui peut prendre toutes les formes et reste indestructible.
Ils changeront l'avenir, car c'est le futur revenu à notre époque qui a produit cet avenir.
Bon ! C'est un paradoxe des voyages dans le temps.
On n'a pas fini de prendre des migraines avec ces paradoxes avec *Terminator 3 : le soulèvement des machines* de Jonathan Mostow (2003).

Robocop (Paul Verhœven (1987), un flic justicier, quasiment invincible, combat pour la justice. C'est une combinaison entre un être humain et un robot dont la profonde humanité émeut le spectateur, particulièrement quand lui reviennent ses souvenirs de sa vie antérieure d'être humain. Suites : *Robocop 2* d'Irvin Kershner 1990 – *Robocop 3* de Fred Dekker 1992. (Et une série télé du même nom.)

Puppet Master 1 – 2 – 3, etc. de David Schmoeller – David Allen – David DeCoteau (1989 – 1990)
L'excellent éditeur de DVD Artus Films a publié la trilogie des *Puppet Master*, qui a été suivie

par tout un tas de films de la franchise jusqu'au No 10 ! Voir ci-dessous la liste exhaustive... Tous ces films sont sortis directement en vidéo, même si, au début, ils ont été filmés sur pellicule.

Je n'ai jamais été personnellement attiré par les films d'horreur utilisant les marionnettes et les poupées, seuls les *Chucky* ont trouvé grâce à mes yeux. C'est pourquoi je n'avais jamais pris le temps de regarder cette série pourtant reconnue comme une référence du genre. *Mea Culpa* !

Grâce donc à Artus Films, j'ai regardé cette trilogie fondatrice de la franchise.

Pupper Master 1 (1989)
Superbe générique avec les gros plans sur les visages des marionnettes (attention, ce ne sont pas des poupées !).

Un vieux « Gepetto » fabrique des marionnettes. Certaines sont vivantes. Comme Pinocchio. D'ailleurs, le scénariste du film utilise un pseudo : Joseph G. Collodi, Carlo Collodi, étant lui-même le pseudo de Carlo Lorenzini, l'auteur du chef-d'œuvre de la littérature enfantine *Pinocchio*... de plus, le scénariste est en fait le réalisateur lui-même, David Schmoeller, bien que le producteur Charles Band s'en attribue lui-même la paternité.

Une équipe de gens aux pouvoirs spéciaux investissent l'hôtel où ont été cachées les marionnettes. Ils en seront les victimes. Il est également beaucoup question de sexe, comme, d'ailleurs dans les deux autres films de la trilogie.

Mais pourquoi ces marionnettes font tout ça ? Elles sont très cruelles...

On retrouve l'ambiance du film *La Maison du diable* de Robert Wise (1963)

Comme toujours dans les DVD d'Artus Films, le supplément est superbe. Ici, c'est Francis Barbier qui nous raconte tout sur le film. Il apprend à ceux qui ne le savent pas (et ils sont nombreux) les liens entre Stuart Gordon et le producteur de cette franchise, Charles Band qui, après une faillite, va créer la maison Full Moon qui va sortir une flopée de films de série B. D'ailleurs cette série des *Puppet*, trouve son origine, nous dit Francis Barbier, dans le film de Stuart Gordon, *Dolls*, produit par Brian Yuzna. Bien que fan inconditionnel de ces deux messieurs, rebuté par les histoires de poupées maléfiques, je n'ai pas vu le film... Sorry !

Pour les fans de ce milieu des séries B, le directeur de la photo de ce premier Puppet n'est autre que Sergio Salvati, qui fut directeur de la photo des meilleurs films de Lucio Fulci !

Puppet Master 2 (1990)
Le réalisateur, David Allen, de ce Puppet 2 est le spécialiste des effets spéciaux du premier.

Travelling dans un cimetière la nuit avec éclairs et tonnerre. On lit nettement les noms de certains défunts sur les stèles : John Bocca, et dans une autre scène dans le cimetière, on lit : Zake Kern et Amylu et Ezra Kern... Quelle

est la signification de l'apparition de ces noms ? Un petit hommage à Richard Kern, le pornographe ?
Les Puppets ressuscitent Toulon, leur créateur, grâce à un liquide de la nécromancie égyptienne...
Une équipe d'enquêteurs paranormaux investit l'hôtel où les Puppets séjournent toujours. On revient toujours à la référence de *La Maison du diable*... L'un d'entre eux arrive dans une voiture qui ressemble à celle des frères Winchester dans la série *Supernatural*.
Apparaît un personnage inquiétant au visage bandé et aux grosses lunettes noires, référence à la *Momie* et à *l'Homme invisible*...
Mais plus subtilement, je vois une influence de *Shining* de Stanley Kubrick (adapté du roman de Stephen King) et je trouve que le scénario est quasiment pompé sur celui de *Dracula* : le monstre encore amoureux de sa dulcinée morte il y a longtemps, mais elle réapparaît sous les trais d'un sosie...

Puppet Master 3 (1990)
Sous-titre de ce film : *la revanche de Toulon* (le créateur des Puppets, The Master...)
C'est la préquelle des deux épisodes précédents.
Elle raconte comment Toulon a créé ses créatures. Ça se passe à Berlin en 1941...
Et toujours la même idée : réanimer les soldats morts pour continuer la guerre ! Et, donc, Toulon peut peut-être donner un coup de main ?

D'après Francis Barbier (dans les suppléments), cet opus No 3 est le meilleur de la maison de production Full Moon. Je n'ai pas vu les 7 ou 8 autres, mais je veux bien le croire...
D'ailleurs finalement, je ne regrette pas d'avoir regardé ces trois films de série B. Ils tiennent la route !
Voilà la liste de la franchise :
Puppet Master (Puppet Master) 1989 de David Schmoeller
Puppet Master II (Puppet Master II) 1991 de David Allen
Puppet Master III : La revanche de Toulon (Puppet Master III : Toulon's Revenge) 1991 de David DeCoteau
Puppet Master IV 1993 de Jeff Burr
Puppet Master V : the final chapter 1994 de Jeff Burr
Puppet Master VI : Le Retour des Puppet Master
(Puppet Master VI : Curse Of The Puppet Master) 1998 de David DeCoteau
Puppet Master VII: Retro Puppet Master
 (Puppet Master VII : Retro Puppet Master) 1999 de David DeCoteau
Puppet Master VIII : The legacy(Puppet Master VIII : The legacy) 2004 de Charles Band
Puppet Master : Axis of Evil 2010 de David DeCoteau
Puppet Master X: Axis Rising 2012 de Charles Band
Un film TV :

Puppet Master Vs Demonic Toys (Puppet Master Vs Demonic Toys) 2004 de Ted Nicolaou
J'espère ne pas en avoir oublié!

Hardware de Richard Stanley (1990)
Un type trouve des débris de robot dans le désert. Il les ramène chez sa copine. Ambiance très décadente. On s'ennuie à mourir pendant les 40 premières minutes jusqu'à ce que le robot s'auto répare. On se demande comment c'est possible, mais enfin...
Le réalisateur filme beaucoup les gens qui dorment. On ne voit pas toujours très bien ce qui se passe.
Les acteurs sont nuls le film est un navet. Dommage.

Edward aux mains d'argent de Tim Burton (1991), merveilleuse adaptation du thème de Frankenstein. La créature, inachevée est touchante de naïveté dans ce lotissement américain. Critique des manies made in USA. Avec quelle habileté et avec quel art Tim Burton a su renouveler le genre ! Ici, comme dans les films de James Whale, le héros est bien la « chose », mais le cinéaste lui donne un nom : Edward. Le savant qui l'a créé, joué par Vincent Price, meurt dès le début. Grâce à ces modifications du scénario, Burton traite d'un tout autre sujet que celui traité par les autres films de Frankenstein. Le pauvre Edward n'est pas fini, ce qui lui donne des qualités (celles de bien tailler les haies et les cheveux), mais aussi une différence qui finira par le faire persécuter par les gens normaux. Ces persécuteurs sont clairement désignés comme des Américains moyens, puisque toute l'action se déroule dans un lotissement. Il est aussi question des rêves d'adolescents qui cherchent l'absolu dans un monde bassement matérialiste.

The Mangler de Tobe Hooper (1994). Une horrible machine industrielle complètement démente et hantée tue les gens. Baroque, grotesque et plein d'humour noir. Tiré d'une nouvelle de Stephen King.

Star Trek : generations de David Carson (1994)
Le capitaine Kirk meurt, renaît et renaît...
Le lien de tout cela est un homme qui a trouvé le Nirvana en détruisant un système solaire au moment où passe un « ruban » spatiotemporel qui vous envoie dans le « Nexus ».
Bof...

La Cité des enfants perdus de Jean-Pierre Jeunet et Marc Caro (1995), conte de fée moderne et génial ! Qui ne comprend l'horreur de la vie pour celui qui ne peut pas rêver ? Deux méchantes sœurs siamoises, une puce savante et un orgue de barbarie, un ancien marin costaud de foire et une petite miette gangster, six clones (ah ! ah !) et trois monstres, un scaphandrier et un sous-marin, tout cela dans un décor de port rouillé avec une mer verte... C'est fou ce que peut produire une larme de petite fille qui allait mourir ! Une parfaire harmonie entre la caméra et les effets spéciaux. Un film formidable !

Ghost in the Shell de Mamoru Oshii (1995). Est un film extraordinaire ! Il traite du même thème que *Blade Runner* (1981) de Ridley Scott : un cyborg a-t-il le droit d'être un humain ? L'animation est fantastique ; elle utilise des cadrages, fausses perspectives et mouvements surprenants qui créent véritablement un nouvel univers dans l'esprit du spectateur et donnent de la chair (c'est le cas de le dire...) aux personnages. Une suite en 2004 : *Ghost in the Shell Innocence* du même réalisateur.

Hellraiser IV : Bloodline d'Alan Smithee (1996)
Le film commence toujours par « Clive Barker présente »... On le retrouve aussi comme producteur exécutif. Le film est aussi écrit par Peter Atkins.
Quant à Alan Smithee, c'est le pseudo que prend le réalisateur quand il n'est pas content de son film... Il paraît que cette coutume a commencé en 1955 avec un film pour la télévision, et le premier film de cinéma signé Alan Smithee est *Une poignée de plombs* (*Death of a Gunfighter*) réalisé en 1967 par Don Siegel et Robert Totten. Il paraît qu'Alan Smithee est l'anagramme de *The Alias Men* (« les hommes au nom d'emprunt »). Notre Alan

Smithee pour ce film est Kevin Yagher. Voilà pour le contexte de la création. Venons-en au film lui-même. Il traite de la création des cubes qui donnent accès à l'enfer.

Il commence dans une station spatiale désertée. Un seul homme y est encore présent : le dernier descendant de la lignée française des Lemarchand... Un vaisseau spatial s'approche, des soldats débarquent. L'homme enfile des gants qui actionnent un robot à distance. Il fait des gestes avec ses doigts que le robot imite en manipulant un cube de cénobites et réussit à l'ouvrir. Visiblement l'homme veut faire venir Pinhead dans la station... Deux soldats entrent, le menacent avec leur arme et la fille déclare : « Vous êtes relevé de vos fonctions... »

Il raconte la création du premier cube des enfers. « J'ai l'intention d'emprisonner l'enfer ! » dit-il aux soldats.

Au 18e siècle un magicien doué a demandé à un horloger nommé Lemarchand de créer un cube infernal, ce qu'il réussit à faire. Il donne le cube au magicien qui fait venir Pinhead et les cénobites, qui transforment Angélique, une jolie jeune fille, en accessoire de Pinhead. Ce qui nous vaut les deuxièmes scènes gore du film... « Celui qui convoque la magie commande la magie ! » Affirme Pinhead.

Ce pauvre Lemarchand prend conscience qu'il a ouvert les portes de l'enfer. Il revient chez le magicien, le retrouve mort alors que son assistant fornique avec Angélique. Ce dernier dira à Lemarchand : « Tu arrives trop tard, tout

est joué, les démons vont venir sur Terre. » Et lui dit que toute sa lignée sera maudite.
« Pardonne-moi, je t'en supplie, je ne savais pas ce que je faisais. » Se lamente Lemarchand. Ce qui résonne comme une déclaration biblique.
Nous voici à Paris en 1996. Angélique veut aller aux USA contacter un descendant des Lemarchand, mais son assistant ne veut pas. Elle le tue dans d'horribles souffrances. Elle va aux USA retrouver John Merchant, ce descendant. Selon ce dernier, Leonard de Vinci aurait dit : « Une œuvre d'art n'est jamais terminée, elle est juste abandonnée... »
Angélique déclenche tout le processus avec un cube qu'elle a extrait d'un mur de la cave de l'immeuble (voir l'épisode précédent, quand l'héroïne a enfoui le cube dans du béton encore liquide). L'occasion de scènes gore et atroces. « La boîte (c'est comme ça qu'elle appelle le cube) est reliée au sang de John. » Ce dernier fait des rêves érotiques avec Angélique. Pinhead transforme deux policiers en cénobite en les reliant entre eux par leur chair...
Pinhead veut que John réalise l'ultime cube celui qui ouvrira la porte de l'enfer de manière continue. Donc il y a bataille, chantage de Pinhead qui prend en otage le petit garçon de John, etc. « John doit finir son travail, donner la version définitive de la boîte. » Plein de péripéties sanglantes. Au final, Pinhead décapite John et la boîte manipulée par son épouse as-

pire Pinhead et Angélique. La lignée sera continuée puisque le fils de John a survécu !
Retour à la station spatiale.
Après quelques scènes de massacres de pauvres soldats, puisque le descendant de Merchant a fait revenir Pinhead, la station spatiale sera détruite avec Pinhead et ses deux nouveaux cénobites dedans...
C'est la fin de la série ? Non ! Il va y avoir encore cinq films !

Planète hurlante de Christian Duguay (1996), la nouvelle espèce créée par l'homme et qu'il ne domine plus, les « *Épées mobiles autonomes* » (EMA) citent Shakespeare en tuant. « *On ne peut plus se fier aux apparences* » déclare le héros du film. Les pierres ne sont pas des pierres, mais des animaux ; les enfants ne sont pas des enfants (rapprochement avec *Le Village des damnés* et *La Nuit des morts-vivants*) ; les soldats ne sont pas des soldats ; la fille n'est pas une fille... ce sont des modèles 3 et 2 des EMA. L'obsession de Philip K. Dick que la réalité n'est pas ce qu'elle est, obsession qui parcourt toute son œuvre et notamment la nouvelle qui a inspiré ce film (*Second Variety*) est parfaitement rendue. La guerre entre le Nouveau Bloc Économique et l'alliance a enfanté une espèce cruelle qui ne manque pas d'humour noir...

Rewind de Sergio Gobbi (1997). Le monde virtuel au service de l'enquête policière...

Nirvana de Gabriele Salvatores (1997), les cinéastes italiens se sont fait une solide réputation dans la reprise des thèmes du cinéma américain, thèmes qu'ils ont parfois enrichis et développés avec beaucoup d'originalité. Ce fut le cas du western dit "spaghetti" et des films d'horreur, notamment des histoires gore et de morts-vivants. Dans le domaine de l'horreur, ils ont su, avec des cinéastes comme Dario Argento, notamment, prendre une voie originale. Cela n'a jamais été le cas pour le cinéma de science-fiction. Dans ce domaine-là, les Américains semblaient imbattables. Eh bien non ! Avec *Nirvana*, les Italiens semblent vouloir suivre la même voie que pour les films d'horreur : le dépassement du système américain de traitement cinématographique du thème. L'Italien Gabriele Salvatores s'inspire ouvertement du grand écrivain américain de science-fiction, Philip K. Dick et s'appuie sur les images et le scénario du film *Blade Runner*(1982), de Ridley Scott, adaptation de la nouvelle de Philip K. Dick *Les Androïdes rêvent-ils de moutons électriques ?* Et ce diable d'Italien invente vraiment quelque chose de nouveau ! Dick s'est toujours demandé si le monde dans lequel nous vivions était bien réel ! Et c'est de cette question que traite toute son œuvre. Mais chez lui, c'est plus une question psychiatrique que philosophique. Il exprime ainsi dans ses écrits un profond humanisme. De monde virtuel, il en est question dans *Nirvana*. Ici, ce n'est pas le Los Angeles de *Blade Runner*, mais peut-être Milan, une vaste métropole, véritable tour de Babel dans laquelle les hommes cherchent à se comprendre. Pour cela, ils essaient de se *connecter*, au sens informatique du terme. Drogues diverses (et P. K. Dick en avait essayé beaucoup...), interface entre la chair et la machine (un des personnages a vendu ses yeux pour vivre et s'est fait greffer des objectifs en noir et blanc...), entre l'électronique et le système nerveux, virtuel vivant et réel mort : les personnages ne savent plus s'ils sont réels ou inventés par le monstrueux système de domination des multinationales de l'informatique. Les gros plans alternent avec des cadrages et des perspectives qui donnent à penser à l'image virtuelle des jeux vidéo. Lorsque les personnages vivants sont ceux du jeu, les couleurs changent sans cesse : surtout le rouge à lèvres de Maria qui devient vert et sa robe moulante qui passe du jaune au violet, etc. La maladie mentale devient une partie de plaisir et la fille aux cheveux bleus veut « *Changer le monde* » ! Mais ne vous y trompez pas, il ne s'agit pas d'un changement politique ou économique. Il s'agit d'un changement *intérieur,* car le monde existe-t-il réellement en dehors de nous ? D'ailleurs cette fille a perdu tous ses souvenirs. Elle pourra assimiler ceux de Lisa, morte depuis longtemps, grâce à un système greffé à son cerveau.... « *Les morts aiment regarder les vivants les pleurer* », déclare Solo, le personnage du jeu qui est devenu réel à cause d'un virus informatique... Ici, dans le monde réel, il neige, nous sommes en décembre, là-bas, dans *Nirvana*, il tombe des confettis....

Le Cinquième élément de Luc Besson (1997), aventures fantastiques du futur : une entité maléfique menace de faire disparaître le monde. Le seul moyen de l'en empêcher est de réunir cinq éléments dans un tombeau égyptien. Quatre d'entre eux avaient été apportés sur Terre par des extraterrestres en 1913. Le cinquième ? Ce sera une extraterrestre... mais quelle extraterrestre ! Les méchants sont rigolos avant d'être méchants. Les monstres sont bêtes et les héros charmants. Une pointe de sexe sans trop en montrer et beaucoup d'effets spéciaux. Ce film a beaucoup plu à la jeunesse. Quand on demande à un jeune de parler de cinéma, il répond : *Le Cinquième élément* ! Il est vrai que nous avons l'habitude des effets spéciaux. Ils ne nous impressionnent plus. L'histoire plaît beaucoup : une histoire de conquête de la liberté grâce à l'amour. Les décors ont été volontairement rendus ringards pour mieux rendre l'ambiance des bandes dessinées des années cinquante : taxis volants en forme de voiture des années soixante (ce qui était de l'anticipation dans les années cinquante), appartements exigus et aménagés comme des cabines de sous-marins, vaisseaux spatiaux en forme de navire du temps de la découverte de l'Amérique. Le film commence comme un *Indiana Jones*, mais cette ressemblance tourne court, car, immédiatement, les extraterrestres arrivent. Ils ont vraiment une gueule nouvelle ces extraterrestres. Ils sont moches, mais gentils... D'autres extraterrestres seront au service du Mal, mais plus par bêtise qu'autre chose... On ne peut s'empêcher la comparaison avec *Stargate* (1994) de Roland Emmerich, où l'action justifie l'usage de la violence, film dans lequel l'extraterrestre est foncièrement mauvais. Alors qu'ici, l'extraterrestre est ce qu'il est, car il y en a des bons et des mauvais, mais ce qui est dangereux c'est le Mal lui-même. C'est lui qu'il faut vaincre en écartant ceux (ils sont rares...) qui le servent. Il s'agit ici d'un conte de fées moderne, des aventures chevaleresques de l'avenir, de l'histoire d'un combat du bien contre le mal dans un décor futuriste, mais qui n'est pas sans rappeler celui de notre époque. La quête du Graal du XXIe siècle ! Je trouve ce film bien mieux que *La Guerre des étoiles*.

Star Trek premier contact de Jonathan Frakes (1997), bon ! bon ! je l'avoue : je n'ai jamais été emballé par la série des Star Trek, ni par leurs longs métrages. Je suis allé voir celui-là par obligation professionnelle, et alors là : surprise ! J'ai été emballé ! Ce film est formidable !

Alien la résurrection de Jean-Pierre Jeunet (1997), dans une station spatiale, un médecin fait renaître Ripley et son monstre grâce aux manipulations génétiques (encore !). Contrairement à ce que dit J.P. Jeunet dans ses nombreuses interviews, je trouve que l'influence d'Hollywood est manifeste. Une fois de plus la Terre est menacée par les monstres. L'ambiguïté de la nature de Ripley (monstre ou être humain ?) n'est pas très bien rendue : il est dommage que la dernière scène qui suggère un accouplement avec le monstre ait été édulcorée, ne signifiant pratiquement plus rien ... Quant aux yeux du nouveau-né, il faut avoir lu un article sur le film pour voir que ce sont ceux de Ripley... Il y a quand même un peu de Jeunet dans ce film grâce aux acteurs et au directeur de la photo. Humour noir : le soldat attaqué par-derrière par un monstre sourit niaisement et ramène de derrière sa tête avec ses doigts un morceau de sa cervelle. Le pirate de l'espace descend un alien et sursaute devant une petite araignée... « *Tu es programmée pour être une conne ?* » Questionne Ripley en s'adressant à Call la jolie robot. C'est dans ce film que l'alien est le plus lovecraftien, dès les images du générique qui montrent en gros plan les parties des corps des sept autres mutants ratés avant Ripley. Un scénario faible, beaucoup d'action et la bête a perdu tout son mystère, car on en voit les moindres détails...

Dark City de Alex Proyas (1998). Le réalisateur de *The Crow* (1993) nous offre de nouveau de très belles images. Cette fois, le scénario est à la hauteur de son art. C'est vraiment du cinéma du troisième millénaire. Les effets spéciaux sont entièrement au service de l'histoire et font de la ville le personnage principal du film, comme personne ne l'avait réalisé auparavant. Dark City : une ville dont les composantes semblent dater d'époques différentes, une New York mélangée avec Gotham City. Personne n'y voit jamais le jour. La nuit est sans étoiles et la mémoire des hommes est vide bien qu'ils croient en avoir une. Mais questionnez-les précisément : ils seront incapables de vous raconter quelque chose de précis. Dans *La Cité des enfants perdus* (1994) de Caro et Jeunet c'était les rêves qui manquaient. Ici, les *Étrangers*, êtres carapacés de cuir ressemblant à des fourmis ne savent pas ce que c'est qu'être un individu. Alors, avec leur pensée collective, ils étudient les hommes et chaque nuit (mais n'oublions pas qu'il n'y a pas de jour) ils changent la ville par « *Synthonisation* » (je ne sais pas si c'est la bonne orthographe). En faisant cela, ils construisent eux-mêmes la route qui les conduira à leur perte en expérimentant la recherche de « *Shell Beach* » au travers du héros de l'histoire. Ils vont contribuer à lui donner le même pouvoir qu'eux, et en plus, ils n'aiment pas l'eau (allez savoir pourquoi...) John donc, est un petit surdoué qui possède les mêmes pouvoirs que les « *Étrangers* ». Il résistera au suicide contrairement à ce pauvre inspecteur Walinski qui ne supporte plus cette folie, car il est un de ceux qui ont assisté aux transformations de la ville. Dark City est un grand centre spatial d'expérimentation. La réalité y est devenue insaisissable. Le grand

écrivain américain P. K. Dick se serait certainement volontiers reconnu dans cette histoire, car le réel n'y est que le fruit de la pensée collective des *Étrangers*. Là aussi, Clive Barker a laissé son influence avec ses tenues de cuir, ses grandes machineries médiévales. Ainsi que les décors sombres de Gotham City du *Batman* (1989) de Tim Burton. À la fin, Dark City est remodelée par John Murdock en un monde plat que les êtres humains du Moyen Âge croyaient comme le réel... Et au-delà de la mer ?...
Nous avons affaire à une science-fiction hautement philosophique qui pose la question de la réalité. Existe-t-elle vraiment en dehors de notre conscience ? La réponse est non en ce qui concerne Dark City. La ville n'est que le fruit de la pensée des « *Étrangers* », pensée mutée en énergie de transformation par leurs machines "souterraines". Mais, alors, ces machines sont-elles également réelles ? À partir de quelle pensée sont-elles créées ? Voilà qui est bien hégélien (de la pensée de Hegel, grand philosophe allemand) : la matière n'est que la négation de l'Idée, qui est elle-même la négation de la matière... Pour toutes ces raisons, ce très beau film méritait une fin plus ouverte, plus philosophique justement, à la manière de *2001 L'odyssée de l'espace* (1968) de Stanley Kubrick, par exemple.
En salle j'ai eu une expérience étonnante en regardant ce film : à la moitié de la séance, soudain, les paroles devinrent incompréhensibles et les personnages se tenaient tous la

tête en bas !!! Le mystère jusque-là assez épais devenait alors incroyable ! Finalement le film s'arrêta, les lumières s'allumèrent et on nous annonça que la deuxième bobine avait été raccordée à l'envers... Ouf...

Chapeau melon et bottes de cuir de Jeremiah Chechik (1998). Je demande pardon aux fans, mais je n'ai jamais vraiment apprécié la série qui porte le même nom que le film. Je ne sais pas s'ils retrouvent l'ambiance de ce feuilleton dans le film, mais pas moi. La stupéfiante Uma Thurman qui joue Emma Peel fait tout le film (avec les effets spéciaux). Quant au pâle Ralph Flennes qui joue John Steed, c'est certainement un bon acteur, mais il aurait dû refuser ce rôle... Autrement que dire ? Il y a un (joli) clone, un homme invisible, de magnifiques frelons en acier, des aberrations spatiales (on descend un escalier et quand on a fait le tour, on se retrouve de nouveau en haut : énervant, non ?) et des extraits de *Twister* (enfin on pourrait le croire) et de *Mars Attacks !* (enfin, on pourrait le croire)...

Small Soldiers de Joe Dante (1998). Certains critiques ont fait grand cas de l'imperfection des effets spéciaux de représentation des jouets en affirmant que Dante (le réalisateur des *Gremlins*) critique ainsi ces effets tout en les utilisant. Ne pourrait-on pas penser au contraire qu'il les a voulus si parfaits qu'ils montrent l'inévitable imperfection de tels jouets s'ils étaient soudain animés d'une vie artificielle ? On avait vu des batailles rangées de jouets dans *Toys* (1992) de Barry Levinson, mais sans l'apport artistique essentiel de ces effets spéciaux. *Small soldiers* est bourré de citations cinématographiques. Surtout des films de guerre. J'en ai noté quelques-uns. Il y a bien sûr le film de Tod Browning *Les Poupées du diable*, celui de Stuart Gordon *Les Poupées*, et puis, *2001 L'odyssée de l'espace*, *E.T.*, *X-Files*, *Frankenstein*, *Terminator* ainsi que bien d'autres films avec Schwarzenegger, *La Nuit des morts-vivants*, *La Poursuite infernale*, *Alamo*, tous les films d'extraterrestres qui ne peuvent être détruits que par la bombe atomique, *Apocalypse Now*, (« *J'adore l'odeur du polyuréthane dans le matin* »), *À l'ouest rien de nouveau*, *Les Sept samouraïs* (ou *Les Sept mercenaires*), et, enfin, la dernière phrase prononcée par un Gorgonite : « *J'espère qu'on percutera pas un iceberg* »... Ça ne vous dit rien ?

Perdus dans l'espace de Stephen Hopkins (1998). Famille – Patrie (la Terre) – Voyage spatial. Superbes engins spatiaux. J'adore ça ! Avec l'acteur Matt Le Blanc qui joue Joey dans *Friends* (pour les fans, et il y en a beaucoup...). Gary Oldman, lui, qui a joué Dracula, se spécialise dans les rôles de méchant, ici, après *Le Cinquième élément*. Son personnage déclare d'ailleurs dans le film : « *La traîtrise n'est pas un trait de caractère, mais un choix philosophique.* » Un traître presque sympathique quoi... Un bon vieux film de science fiction qui n'a pas grand-chose de nouveau à raconter. Au fait : c'est tiré d'une série de télévision des années soixante.

Star Trek insurrection de Jonathan Frakes (1998). Data a pété un plomb ! Bon, il va retrouver toute sa raison. À part cela, on a affaire à une presque niaiserie hippie, ou écolo-thibétaine, comme on veut. Une planète qui fait rajeunir et des gens qui ne veulent pas quitter leur village... Ne parlons pas du charabia scientifique comme du « *gaz très volatil* » dans l'espace ! Excusez-moi, les fans...

La Fiancée de Chucky de Ronny Yu (1998).Tous les objets des films d'horreur sont présents dans cet entrepôt des objets criminels. Un policier va voler les restes de Chucky... L'idée de départ n'est pas mauvaise. On se rappelle qu'à la fin de *Chucky 3* l'horrible poupée possédée par l'esprit maléfique de l'étrangleur a été déchiquetée par des pales de ventilateur. Elle sera recousue et on lui trouvera une fiancée... Ce film pour adolescent est vraiment bien, contrairement à ses trois épisodes précédents, car il cultive les références aux autres thèmes des films d'horreur (*La Fiancée de Frankenstein* (1935) de James Whale dont on voit des extraits...) et aussi à la sexualité... Le poste de télévision montrant l'image de la fiancée de Frankenstein hurlant de terreur tombe dans la baignoire et électrocute ainsi la pauvre fille (bien grassouillette avec de gros seins...) qui a réanimé Chucky. La poupée qui prend sa place s'exclame après maquillage : « *Barbie, elle peut se rhabiller !* » Les dernières scènes dans le cimetière sont superbes et la dernière image suggère le film *Le Monstre est vivant* (1973) de Larry Cohen. Du coup, je me dois de vous citer les trois premiers *Chucky* : *Jeu d'enfant* (1988) de Tom Holland – *Chucky la poupée de sang 2* (1990) de John Lafia – *Chucky 3* (1991) de Jack Bender...

Chapeau melon et bottes de cuir de Jeremiah Chechik (1998). Je demande pardon aux fans, mais je n'ai jamais vraiment apprécié la série qui porte le même nom que le film. Je ne sais pas s'ils retrouvent l'ambiance de ce feuilleton dans le film, mais pas moi. La stupéfiante Uma Thurman qui joue Emma Peel fait tout le film (avec les effets spéciaux). Quant au pâle Ralph Flennes qui joue John Steed, c'est certainement un bon acteur, mais il aurait dû refuser ce rôle... Autrement que dire ? Il y a un (joli) clone, un homme invisible, de magnifiques frelons en acier, des aberrations spatiales (on descend un escalier et quand on a fait le tour, on se retrouve de nouveau en haut : énervant, non ?) et des extraits de *Twister* (enfin on pourrait le croire) et de *Mars Attacks !* (enfin, on pourrait le croire)...

Virus de John Bruno (1998). Les cyborgs sont de retour ! Un merveilleux film d'horreur de science-fiction. Le must du fantastique. Un film où on ne s'ennuie pas une minute, à base de problèmes scientifiques, dans un lieu clos, ici, un bateau abandonné... Avec le grand Donald Sutherland qui n'a jamais craint de jouer les méchants. Un spectacle bien filmé, bien monté, avec d'excellents effets spéciaux, d'excellents acteurs. Les images de tempête dans l'océan sont magnifiques et parfois plus terrifiantes que les monstres. Ces derniers sont également magnifiques dans leur horreur. L'équipe traditionnelle d'aventuriers est au complet : le trouillard, celui qui ne croit pas aux petits hommes verts, le traître, celui qui devient fou... Cette équipe à la recherche d'un trésor dans un milieu ultra hostile (le navire abandonné) me fait songer au magnifique western *Le Jardin du diable* (1954) d'Henry Hathaway. Là le milieu hostile était la montagne et le danger les Indiens... Tout le monde sait qu'aujourd'hui, ce sont les extraterrestres qui ont remplacé les Indiens dans le cinéma moderne américain. La station spatiale Mir est investie par une entité extraterrestre énergétique et transmet son signal au navire russe qui est un relais spatial sur l'océan. Quelques citations : « *On est des pièces pour lui.* » – « *La chose venue de Mir a besoin de courant...* » Les deux composantes de la terreur prométhéenne des écologistes sont la source de l'horreur présente sur le navire : l'énergie électrique et l'informatique... Ainsi, l'atelier de montage des cyborgs est proprement stupéfiant, car il renvoie, dans l'esprit du spectateur aux lignes de montage robotisées de l'industrie automobile... Le film finit par un cauchemar, mais les dernières paroles sont : « *On s'en est sorti !* »

Star Wars Episode 1 : la menace fantôme de George Lucas (1999). Ah quel plaisir, quel spectacle ! Ne boudons pas s'il vous plaît ! La course de modules : haletant ! (La plupart de ceux qui sont allés voir le film n'ont pas vu *Ben Hur*...) la bataille spatiale : aussi passionnante ! Ah ces effets spéciaux, cette qualité de la mise en images de l'imaginaire... Bravo ! Bien mieux que les trois épisodes précédents sur ce plan. Voilà une autre génération de Star Wars qui commence. Que la force soit avec toi !

Matrix (La Matrice) de Larry & Andy Wachowski (1999). Ce film est une anthologie des trucages cinématographiques. Superbe ! Une photo magnifique également (Bill Pope). Il y a aussi des plans gothiques, notamment sur la hauteur et la vétusté des immeubles, l'obscurité. C'est grâce à l'informatique, aux pirates informatiques, que certains vont découvrir la nature exacte de notre civilisation... Qu'est-ce que la Matrice ? Si tu veux le savoir suit le lapin blanc comme Alice qui l'a suivi et a trouvé le pays des merveilles... Rêve, cauchemar, réalité ? Qu'est-ce que le réel, quelle est la définition du réel ? Ainsi, le spectateur peut voir le monde sur l'écran d'un vétuste poste de télévision Radiola ! En réalité nous ne sommes plus que des légumes pour nourrir les Machines ! Les êtres humains sont des piles !

et la Matrice crée l'illusion de notre monde. Stefan Wul avait déjà inventé cela dans *Oms en série* dont on a d'ailleurs fait un dessin animé. Ensuite, il y a quelques leçons de maîtrise de soi : « *On n'est pas le meilleur quand on le croit, mais quand on le sait.* » C'est très bon aussi la scène avec la prédiction : « *L'auriez-vous fait si je ne vous en avais pas parlé ?* » dit le médium au héros après l'avoir averti qu'il allait casser un vase... Ce médium est un oracle sous la forme d'une charmante vieille dame séduisante au possible. Une vision technologique de l'Ancien Testament déjà vue avec *Terminator* : les humains sont la peste et les Machines sont l'antidote. Les combats forment de magnifiques chorégraphies. Le contrechamp avec les douilles qui tombent est vraiment novateur. Le feu au ralenti, comment ils évitent les balles... John Woo n'a qu'à bien se tenir ! *Mission impossible* est mille fois battu ! Et puis il y a les chansons de Rob Zombie et Marilyn Manson ! (Voir plus loin les suites de la trilogie)

eXistenZ de David Cronenberg (1999). La chair, le sang, les organes, et, surtout, les orifices du corps, les appendices ; tout cela obsède Cronenberg. Il annonce la couleur avec un générique fait de planches anatomiques. Un nouveau jeu a été inventé. La console est un être vivant artificiel que l'on se branche sur le corps grâce à un cordon ombilical. La "prise" sur le corps s'appelle un « *bioport* », une interface informatique – organique ; le cordon un « *ombilicâble* »... On assiste d'ailleurs à la pose d'un bioport dans un centre clandestin constitué par un vieux garage. Le "chirurgien" qui fait cela est un mécano plein de cambouis. C'est vraiment trop irréel pour être vrai, non ? Au spectateur de décider. Le bioport se trouve dans le dos, à la hauteur des reins. C'est pas pratique pour le branchement... Ce dernier se vit comme une pénétration. *« Les bioports neufs sont souvent étroits »,* déclare Allegre Geller. Ah ! Au fait, la console vivante s'appelle un *« gamepode »* et il est né d'un œuf amphibien. Cronenberg utilise les procédés cinématographiques de manière ostensible pour montrer les différentes formes de transition d'un monde à l'autre du "jeu" : montage, fondu enchaîné, etc. Certaines scènes montrent la "chaîne de montage" des jeux, atelier plein des organes des amphibiens mutants utilisés pour fabriquer des *« Pode ».* Quant à l'arme, réalisée avec les os des animaux mangés par le héros, elle crache des dents à la place des balles... Alors, où se trouve le jeu et où se trouve la réalité ? Cher spectateur, le sauras-tu à la fin ?

L'homme bicentenaire de Chris Colombus (1999)
Un robot, nommé Andrew, joué par le mielleux Robin Williams est embauché comme larbin de la famille. Certains le traitent comme une boîte de conserve d'autres comme un humain. Et ça dure 200 ans ! Une adaptation d'une

nouvelle d'Isaac Asimov. Vous voyez le genre de la philosophie...

Passé Virtuel de Josef Rusnak (1999). Très bon film. Si vous avez réussi à le voir, vous avez de la chance, car il a été rarement distribué ! Du vrai virtuel, comme celui qu'on a dans la tête. Un vrai nouveau film avec de très bons acteurs même s'ils ne sont pas très connus, et pas d'explication didactique comme, celle, par exemple, de *Dark City* à la fin. Une très bonne reconstitution de l'année 1937. Surveillez les ventes ou locations video et les programmes télé !

Planète rouge d'Anthony Hoffman (2000). Les Américains sont spécialistes du doublon en SF : il y a eu *Independence Day* et *Mars Attacks !*, il y a eu *Deep Impact* et *Armageddon*, maintenant il y a ce film après *Mission to Mars* de Brian de Palma... Pas mal du tout contrairement aux critiques qui, décidément, n'aiment pas les films martiens ! Le commandant est une (belle) fille nommée... Bowman (comme le dernier survivant du film *2001 L'odyssée de l'espace*). Techniquement les effets sont parfaits et les images superbes. Une petite nouveauté : une histoire de Terraformation c'est-à-dire le fait de rendre une planète (en l'occurrence, ici, Mars) habitable par l'homme. Deux citations : « *Le jour maudit où l'algèbre pourrait nous sauver la vie* » – « *Si peu de temps à vivre et si longtemps à pa-*

tienter... » Une belle histoire de pionnier moderne et d'aventure, pourquoi pas ?

À l'aube du 6e jour de Roger Spottiswood (2000). Schwarzy se fait cloner. Attention ! Deux Schwarzy ça fait mal !

Avalon de Mamoru Oshii (2000). Excellent film ! Une photo extraordinaire. Une musique fantastique interprétée par l'orchestre philharmonique de Varsovie et des chants par les chœurs de Pologne. On reste jusqu'au bout du générique de fin pour écouter. Des plans extraordinaires, un cadrage formidable, un montage fabuleux... Des ordinateurs envoûtants dont les claviers claquent de contentement. Bien mieux que *Matrix* et légèrement supérieur à *Existenz* de Cronenberg. De la SF postmoderne dont Dick fut le précurseur : « Le monde réel existe-t-il ? » Y en aurait-il plusieurs ? Et puis des tas de clins d'œil pour les joueurs... Une ambiance proche du film *Stalker* de Tarkovski, dans lequel il s'agissait aussi d'une quête au travers d'un jeu. On retrouve les chars russes de l'invasion de Varsovie. La vie et la guerre ne seraient-elles qu'un jeu ? Et surtout l'Histoire ? Avec un grand H. Si on est bon, le paradis nous attend : *« Bienvenue à Avalon ! »* Ce film méritait bien plus de salles qu'il n'en a eues... !!!

La Guerre des étoiles : l'attaque des clones de George Lucas (2001). Épisode 2 ! On a déjà vu beaucoup de choses, mais c'est bon pour les fans...

A.I. de Steven Spielberg (2001). Contrairement a ce que dit Sfmag je n'ai jamais trouvé que Spielberg était le plus grand des réalisateurs. Je reviens sur ce film que je ne suis pas allé (volontairement) voir à sa sortie. Mes pires craintes étaient fondées. Ce film basé soi-disant sur une idée de Kubrick – mais pourtant tiré d'une histoire de Brian Aldiss – est une mièvrerie qui plagie Pinocchio de manière encore pire que Walt Disney ! Je me suis endormi deux fois devant ma télé. Désolé...

Final Fantasy *Les créatures de l'esprit* de Hironobu Sakaguchi (2001). Voilà un grand tournant dans l'histoire du cinéma. Avant il y en a eu deux : l'invention du cinéma lui-même et le son. On peut donc faire un film sans acteur... C'est même mieux qu'avec les acteurs, car on ne s'identifie plus à leur personnalité, mais tout simplement au personnage. Et pourquoi donc certains acteurs empochent des sommes faramineuses pour faire le guignol devant une caméra ? Alors que vont faire les acteurs ? On se souviendra que ces derniers, à la naissance du septième art, alors stars du théâtre, refusèrent de jouer au cinéma, nouvel art qui devait détruire leur carrière. Eh bien voilà : ils retourneront au théâtre.

Le film est magnifique ! Une très belle histoire mystique de SF. De très belles images ! Quelques très minimes imperfections : mais que dire devant cette nouvelle forme de cinéma, sinon que pour un coup d'essai c'est un coup de maître !

À ton image de Aruna Villiers (2002). Une histoire de clonage qui montre le pauvre clone comme un être terrifiant. Mais serait-ce le cas ?

Terminator 3 : le soulèvement des machines de Jonathan Mostow (2003). Cameron n'ayant pas voulu récidiver c'est Mostow qui a pris les manettes de ce Terminator 3. Ce film est surtout une transition pour T4 qui va nous montrer la guerre des machines... C'est bien joué, bien filmé, impressionnant et violent, mais sans plus. De nombreux enfants étaient dans la salle où je suis allé le voir... Les effets spéciaux sont excellents, Schwarzy toujours aussi ironique et les scènes excellemment filmées.

I, Robot d'Alex Proyas (2003). Alex Proyas montre ici tout son talent encore que les effets spéciaux manquent d'expression artistique... Ces robots manquent de consistance au point de vue de la matière. Quant à leur style, ils ne m'ont pas convaincu. Cette histoire serait tirée d'une nouvelle d'Asimov : *Le robot qui rêvait*.
Je n'ai jamais vraiment été passionné par les histoires de robot d'Asimov, encore moins par

cette très courte nouvelle dans laquelle un robot rêve qu'il est un homme et lorsque la vieille Calvin (car chez Asimov il s'agit d'une vieille femme...) l'apprend, elle détruit le robot.
Dans le film c'est le contraire, le scénariste fait la nique à Asimov : Susan Calvin est une belle jeune femme et le robot devient quasiment un homme. Et Will Smith ? Fait toujours le même numéro que beaucoup trouvent très bien. Alex Proyas a réalisé *The Crow* (le premier...) et le surprenant chef-d'œuvre *Dark City* (1998).

Matrix Reloaded de Larry et Andy Wachowski (2003). Une transition entre *Matrix* et *Revolutions* avec beaucoup de remplissage. Mais la photo de Bill Pope est toujours aussi sublime ! Mr Anderson (Neo) opte pour la soutane et se prend pour Superman. La fête de Sion est chiante, la conversation entre Neo et le conseiller ennuie, les combats n'étonnent plus, la conversation avec l'Oracle est pitoyable, la conversation avec Smith's n'en parlons pas (!), la conversation avec le Français est creuse... Et puis... il y a la course poursuite époustouflante, je répète époustouflante ! Mais même la conversation avec l'architecte est relativement inepte. Et pour finir, l'Élu fait un miracle, il ressuscite... Trinity (avec un nom pareil, ça ne m'étonne pas !)

Matrix Revolutions de Larry et Andy Wachowski (2003). Le scénario et particulièrement les dialogues de cette trilogie **Matrix**

sont écrits comme un manuel d'alchimie. Les dialogues comprennent le verbe « savoir » conjugué à tous les temps et un nombre incalculable de fois. « Le Grand Œuvre est un moyen pour comprendre le monde » écrit Léon Gineste dans *L'alchimie expliquée par son langage.* Le langage est hermétique, exclusivement pour initiés, et le tour de force des frères Wachowski est d'avoir initié un nombre incalculable de spectateurs qui se sentent tous complices de ce Grand Œuvre... (Voir ma critique du premier volet plus haut en 1999...) Cette troisième partie nous offre une longue scène de guerre qui est un hommage aux films de guerre américains des années cinquante (guerre contre le Japon et guerre de Corée particulièrement).

The Island de Michael Bay (2004), est un excellent film ! Bien sûr il faut apprécier les scènes d'action avec des poursuites et des chutes invraisemblables chères au réalisateur. L'histoire ressemble étrangement à mon roman « La Compagnie des clones ». Une vraie fable contre l'exploitation de l'homme par l'homme. Michael Bay filme extraordinairement bien et son montage halluciné me plaît.

Le Fils de Chucky de Don Mancini (2004). Bof ! Voilà encore un film qui compile les scènes d'autres films sans trop les référencer. Si on ne repère pas ce procédé, il est évident que ce film produit chez le spectateur amateur une jubilation gore. Il commence par Halloween, se poursuit par Psychose et Elephant Man... Il y a d'ailleurs plusieurs scènes de films de David Lynch : Lost Highway et Mullholland Drive. Mais on retrouve aussi Du Sang pour Dracula (le démembrement de Chucky) et Chair pour Frankenstein (la recherche d'un corps), sans compter la scène dans le studio avec les bidons de faux sang, les statues des monstres et la vraie décapitation... Enfin, comment ne pas penser à Shining avec la hache qui casse la porte ? Et puis il y a aussi Scream, Le Père Noël est une ordure, La Main qui tue... Je n'ai pas tout repéré, car souvent je me suis ennuyé...

Les épisodes précédents : Chucky : Jeu d'enfant (1988) de Tom Holland – Chucky la poupée de sang 2 (1990) de John Lafia – Chucky 3 (1991) de Jack Bender – La Fiancée de Chucky de Ronny Yu (1998)....
Seul le film de Ronny Yu mérite vraiment le déplacement.

Star Wars la revanche des Sith de George Lucas (2004), m'a extrêmement déçu. Je dois avouer que je n'ai jamais été emballé par cette série, mais je comprends la passion des afficionados.
Sur cet épisode j'ai été meurtri par des invraisemblances scientifiques énormes (il y a des limites à ne pas dépasser) et par une très pauvre dramaturgie.
Invraisemblances scientifiques : il y a toujours le bruit des vaisseaux qu'on entend dans l'espace... Je trouve cela vraiment dément qu'on

fasse croire ceci aux jeunes spectateurs. Je ne m'étendrai pas là-dessus. Quand le vaisseau tombe vers la planète tout le monde glisse vers le bas !!!! D'abord à une telle distance de la planète un vaisseau se met en orbite et tourne avant de tomber. Ensuite il n'y a pas de gravité à cette altitude et nous ne sommes pas dans un bateau sur la mer ! D'ailleurs le film utilise le faux cliché des batailles navales : les deux vaisseaux rangés l'un à côté de l'autre et qui se mitraillent à coups de canon ! Vous croyez que c'est une bonne tactique guerrière avec des vaisseaux capables de filer à des vitesses inouïes ?

Les droïdes posés sur l'aile du vaisseau d'Obiwan partent en arrière lorsqu'ils ont été détruits. Or un objet à vitesse constante ne produit aucune gravité et le droïde devrait rester sur l'aile, car il n'y a pas d'air dans l'espace pour l'entraîner. Les deux Jedi (le rouge et le bleu) se battent en flottant sur une mer de métal en fusion ! Ce qui suppose que la température de l'air est d'environ 800 °C ce qui devrait les volatiser. Vous allez me dire c'est de la SF ! Peut-être, mais pourquoi alors Anakin s'enflamme lui ensuite ? D'ailleurs pour vivre sur une telle planète il faudrait des combinaisons sacrément isolantes!

Faut pas exagérer, il y en a trop !

Pauvreté dramaturgique. Enfin on devait savoir comment Skywalker allait passer du côté obscur. Voilà qui est très excitant sur le plan dramaturgique. Mais quelle déception ! Comment un Jedi peut-il se laisser embobiner par

des arguments aussi pauvres ? Se laisser aller à tuer un maître sans se maîtriser ? Quelle solution de facilité de mettre de l'eau au fond du puits pour amortir la chute d'Obiwan ! Et être monté sur une énorme créature bruyante ne garantit pas vraiment une discrétion dans une mission qui en demande tant...
Désolé...

La Guerre des mondes de Steven Spielberg (2004), n'a aucun intérêt. On s'y ennuie ferme. Spielberg enfourche son combat habituel : travail (son héros est docker) famille (grâce aux extraterrestres il redevient le père de ses enfants) et patrie (les USA sont quand même les meilleurs...) Ce film n'apporte rien de nouveau. Les tripodes sont assez réussis. Le train en feu qui défile devant un passage à niveau est un clin d'œil à Mars Attacks !
Mais cela valait-il vraiment l'investissement réalisé ? Spielberg avait-il besoin d'argent ?

Natural City de Min Beyond-cheon (2005)
Un film sur un futur apocalyptique, avec un paysage urbain, la ville de Blade Runner, et le thème dérivé de ce film : comment un être humain chasseur de cyborgs lutte pour donner la vie à son cyborg féminin. Les images sont sombres et expressionnistes. Les comédiens sont pas terribles. Le récit manque de fluidité et les filles sont superbes. Les humains se révèlent moins humains que les cyborgs, ces derniers ont des capacités physiques stupéfiantes et font des bonds comme dans Matrix.

Les dialogues sont si épurés que la plupart du temps inutiles à la compréhension du film. Les sentiments sont montrés par l'image et les mimiques des acteurs (ce qui donne cette impression de jeu bizarre des comédiens). Le son et les images créent l'atmosphère, et il faut se creuser un peu la tête pour comprendre.
Un film étonnant, qui sort de nos habitudes, un film extraordinaire à voir et revoir tellement il est inépuisable... Le DVD propose des bonus excellents avec le réalisateur et comment il a utilisé des décors urbains naturels traités par ordinateur...
Avec le DVD il y a un livret sur la SF asiatique.

X-Men l'affrontement final de Brett Ratner (2006)
Un très bon film d'action avec de bons effets spéciaux et de très bons acteurs. Que demander de plus ?
J'ai toujours été assez agacé par ceux qui sont crispés sur un "livre" quel qu'il soit, et même si c'est un comics Marvel...
Ce film noir prend ses distances alors tant mieux non ?
Rester jusqu'à la fin du générique où vous attend une surprise...

Transformers Michael Bay (2006)
Ah ! enfin, le voilà ce film tant attendu !
Wohawh ! Superbe ! Jubilatoire !
Une première partie parfaite avec des robots extraordinaires, un récit haletant, la guerre

moderne, la haute technologie, et le bruit du métal.
Ah ! les effets spéciaux sont stupéfiants.
On retrouve tout ce qu'il y avait de bien dans *Independence Day* et *Mars Attacks* avec une tonne de références cinématographiques et de BD. Il m'était difficile de croire en ces « transformers » dans la bande dessinée, mais là vraiment j'y crois !
J'ai lu quelque part que quelqu'un trouvait le scénario invraisemblable.
Quoi ? Cela ne veut rien dire « invraisemblable » pour ce genre de film.
Au contraire, le scénario est excellent et la première heure est si bien construite qu'on s'impatiente en regardant les passages sur la vie quotidienne des ados...
Pour ceux qui aiment la SF, les grosses bagnoles, la guerre technologique et le métal qui hurle : ce film est pour vous !
Un seul regret : ils ont pris Besancenot pour jouer le rôle principal... (rires)

Pulse de Jim Sonzero (2006)
Le remake du film asiatique *Kairo* : l'informatique ouvre les portes vers le monde des morts, et vice et versa bien sûr ! Pas terrible...

Dead Silence de James Wan (2007)
Le réalisateur de « Saw » (le premier, pas les suivants...) continue de tracer son sillon dans l'horreur...

Cette fois, il choisit le gothique pour nous faire peur.
Le film démarre fort après un générique explicatif. Livraison d'une marionnette de ventriloque inattendue et une mort atroce de la jeune fille. Une poupée maléfique ? Le jeune fiancé est soupçonné du meurtre. Le meurtrier a coupé la langue de la victime.
Très macabre. Le jeune homme va retrouver son père, désormais sur une chaise roulante. L'entente n'a jamais régné entre le père et le fils. L'ambiance est très lourde, de plus, le film déroule la préparation des funérailles de la jeune femme assassinée. Le village s'appelle Ravens Fair. Une ville maudite par la vengeance de la ventriloque autrefois assassinée.
Le cinéaste utilise la technique des images légèrement saccadées, si légèrement, presque au niveau subliminal, et cela accentue l'ambiance déjà très macabre. La voiture rouge de Jamie, le jeune homme, tranche sur le décor tout en bleus, comme le blues. Comme les fauteuils rouges dans le théâtre en ruines. La femme du vieux croque-mort joue avec une corneille empaillée, elle semble entendre des voix... et elle rappelle au jeune homme cette comptine enfantine qui parle de Mary Shaw qui n'avait que des marionnettes. Elle le met en garde contre cette femme qui tue tout le monde, affirme-t-elle.
Non, ce n'est pas le film sur une marionnette de ventriloque comme on en a déjà vu. C'est un film terrifiant. Pas de cette terreur gros-

sière et écœurante. Non ! une terreur délicieuse.

Mutants Chronicles de Simon Hunter (2007)
Ce film est tiré d'un jeu de rôle.
Les Machines sont venues sur Terre pour changer les hommes en mutants.
Les scènes de guerre sont époustouflantes, d'une extrême violence comme l'est la guerre réelle. En 2707, ils se battent comme en 1914. La bataille va libérer les machines emprisonnées depuis très longtemps. Et les mutants sont libérés aussi. Et l'horreur de la guerre devient encore pire ! Très éprouvant.
Un moine de la confrérie qui avait enfermé les machines (Joué par Ron Perlman) réunit un commando pour sauver l'humanité.
Le "blindé transport de troupes" est délirant. Du vrai steampunk.
C'est très violent.
La bataille contre les mutants juste à la lumière des coups de feu des armes automatiques est hallucinante.
Quel spectacle ce film ! On en sort essoufflé.
À l'heure où j'écris ces lignes (4 juillet 2009) le film n'est toujours pas sorti en France.

Battlestar Galactica : Razor de Félix Alcalà (2008)
Ce téléfilm est inspiré de la série Battlestar Galactica. Cette série produit ce film après les deux mini séries d'une heure trente chacune produites en 2003. La série en est à la quatrième saison.

"Razor" signifie rasoir. Le titre explique dans quelle mesure un chef de guerre (ici une femme amiral) doit "trancher", prendre de terribles décisions pour ne pas perdre la guerre…
C'est donc un excellent film de guerre qui se déroule dans l'espace, avec de belles batailles spatiales… Ce qui est intéressant, c'est ce qui se passe dans les têtes des soldats, particulièrement des femmes héroïques face aux Cylons, ces "machines" qui se sont révoltées contre l'espèce humaine et ont failli la détruire.
Héroïsme, traîtrise, sacrifice, horreur de la guerre et culpabilité. Tout y est, comme dans d'excellents vieux films de guerre américains.
C'est plein de flash-back et il ne faut pas perdre le fil. Et c'est ce qui fait le charme de ce film…

Iron Man de Jon Favreau (2008)
Une adaptation d'un comics Marvel.
Super la scène qui montre une roquette qui tombe à côté du milliardaire vendeur d'armes : il voit qu'elle porte son nom (Tony Stark : elle est donc de sa fabrication) juste avant qu'elle n'explose. Ce type est assez déplaisant en fait… Il a l'air con avec son petit bouc…
Enfin bref il est fait prisonnier par des Afghans qui lui demandent de fabriquer son dernier missile. Il s'aperçoit avec consternation que ces ennemis de l'Amérique possèdent les armes qu'il fabrique…Il finit par accepter sous la torture, mais on comprend vite que s'il

construit quelque chose ce n'est pas le missile, mais Iron Man lui-même ! Et l'acier fut forgé. Et là ça va chauffer !
Puis, de retour chez lui, il va améliorer le système et abandonner la fabrication d'armes.
Il apprend que ses armes ont été vendues aux insurgés qui les ont utilisées contre des civils. Et cela ne lui plaît pas, alors...
On comprend dès le début qui est le salaud, mais le plaisir n'en est que plus grand, car on se demande ce qu'ils vont inventer pour nous intéresser...
Il n'y a que les comics américains pour inventer des histoires aussi géniales. Le film est excellent aussi...

Pulse 2 Afterlife de Joel Soisson (2008)
Après **Pulse** de Jim Sonzero (2006), lui-même remake du film japonais **Kairo**, voici Pulse 2 et 3 de Joel Soisson. L'histoire de **Pulse** débute quand les morts s'engouffrent dans les réseaux (informatique) pour venir envahir le monde des vivants. Et ils ne sont pas gentils les morts quand ils reviennent, allez savoir pourquoi...
Dans ce **Pulse 2**, on voit Michelle en quête de sa fille Justine (qu'on reverra dans **Pulse 3**).
Le film est assez agaçant, car on ennuie le spectateur avec les problèmes de couple de Michelle. Les scènes sont interminables, le réalisateur ne sachant jamais à quel moment les arrêter ! En fin de compte, Steven, le mari, récupère Justine et fuit à la campagne (à

l'écart des réseaux...), car il doit fuir aussi le fantôme de Michelle.
Un type tout habillé de rouge (cette couleur est transparente aux revenants) parle de « sauver le monde ». On saura comment dans Pulse 3, patience...
Il y a une scène éprouvante avec une paire de ciseaux. Ça fait toujours peur une paire de ciseaux quand on l'utilise d'une certaine façon...

Wanted de Timur Bekmambetov (2008)
Après *Night Watch* et *Day Watch*, le réalisateur Bekmambetov poursuit dans la même veine. On ne s'en plaindra pas !
Un jeune type se prend pour un minable donc il EST un minable. Son père l'a abandonné quand il avait (je ne me souviens plus) 12 heures je crois... Le jeune en question travaille dans un bureau à Manhattan. Il semblerait que son père, lui, n'est pas du tout un minable, mais un genre tueur à gages invincible. On s'en aperçoit dans une scène ultra déjantée, bien plus que dans *Matrix,* mieux que dans *Matrix*. Manque de pot, le tueur n'est pas invincible : il se fait tuer, piégé semble-t-il par on ne sait pas encore qui, mais on sait qu'on va le savoir.
Le jeune homme est cocu : sa (jolie) femme se fait baiser sur la table de la cuisine par son collègue de travail. Il le sait, mais il ne dit rien. Une seule chose le tracasse : comment soigner son angoisse ?
On attend que 13 minutes pour voir Angelina Jolie. La voilà qui accoste le jeune homme (le

veinard) et lui dit qu'elle connaît son père qui est mort hier sur le toit d'un building (on le sait aussi, car on l'a vu !)
Puis c'est l'action ! Un montage haché, des plans biscornus, du mouvement hallucinogène (mais non vous ne rêvez pas !), la caméra qui bouge, qui bouge. Des ralentis inopinés, des balles qui ont une trajectoire courbe… Ça c'est du cinéma !!! Ne parlons pas du scénario : complètement incroyable : faut oser et il ose.
Le jeune homme va prendre conscience qu'il a « un lion dans les entrailles »…
L'entraînement du futur tueur est de la même veine que la poursuite. La scène avec la navette du métier à tisser est extraordinaire.
Les cibles du tueur ? Des désordres à éliminer pour assurer la stabilité et elles sont désignées par un métier à tisser appelé "destin". C'est ça la "fraternité", l'organisation dont fait partie désormais notre jeune ami.
Au fait, il s'appelle Wesley Gibson !
À la fin c'est les douze travaux d'Hercule. Si vous croyez avoir tout vu au cinéma, là vous vous trompez : faut encore aller voir ce film !

Pulse 3 de Joel Soisson (2008)
« Gare à celui qui scrute le fond de l'abysse, car l'abysse le scrute à son tour »… Ce sont les paroles de la jeune Égyptienne à travers la Webcam, juste avant qu'elle ne se suicide. C'est une citation de Nietzsche, mais ce n'est pas dit dans le film…
Après le prologue, **Pulse 3** commence au camp de réfugiés évoqué à la fin de **Pulse 2**.

Justine est devenue une adolescente. Dans ce camp ils vivent comme au XIXe siècle, pour éviter tout appareil informatique. Mais Justine va découvrir un ordinateur portable caché sous le tableau de bord d'une épave de voiture. Et devinez ce qu'elle va faire ? Allumer l'ordi bien sûr, et ouvrir la porte aux Morts ! Ben non, la Mort n'arrive pas. Justine prend contact avec Adam, le jeune homme du début du film. Il est à Houston. Elle s'appelle Justine... hein Sade ? La jeune fille part le retrouver. Mais c'est pas Adam qu'il aurait dû s'appeler, mais Jésus... ou... Satan ?
Dans ce film le réalisateur semble avoir trouvé enfin le bon rythme. Il se laisse donc regarder agréablement. Bien meilleur que l'opus 2...

Le Jour où la Terre s'arrêta de Scott Derrickson (2008)
C'est un remake du film homonyme de Robert Wise (1951)
Un extraterrestre nommé Klaatu arrive sur Terre pour expliquer aux humains qu'ils mettent la planète en danger. Dans le film de 1951 il s'agissait du danger atomique, ici il s'agit du danger écologique.
Et l'histoire du film ne tient debout que si, comme il l'affirme, l'humanité est bien au bord du gouffre...
Le prologue est très beau. La "soucoupe" est très originale par rapport à celle de 1951 ! Elle atterrit dans Central Park à Manhattan. L'alien est blessé par accident (un coup de feu non contrôlé). Il est emmené et opéré. La scène de

l'opération semble être involontairement un pastiche de la fameuse (fausse) autopsie de l'alien de Roswell vue à la télé...
L'histoire est bien adaptée à notre monde technologique actuel. Et au monde politique actuel aussi.
Mais qu'est venu faire cet extraterrestre sur Terre ? La fille réussira-t-elle à le convaincre d'épargner l'espèce humaine ? Il fallait bien une jolie fille pour tenter un coup pareil ! Et le fait que cette fille blanche (une scientifique) est belle-mère d'un petit noir ne fait qu'ajouter à la niaiserie de cette histoire.
 D'ailleurs l'attitude de cet enfant ne va pas rehausser l'opinion de Klaatu sur l'espèce humaine.
Mais heureusement la musique adoucit les mœurs.
Il y a la fameuse scène où Klaatu corrige les équations sur le tableau du prix Nobel.
La scène de l'évasion du robot géant et sa transformation en nuage destructeur est stupéfiante.
Mais les très bons effets spéciaux et la très bonne réalisation n'enlèvent rien à la niaiserie de l'histoire du premier film parfaitement reprise ici.

Star Trek de J.J. Abrams (2009)
Superbe film de science fiction, qui, dit-on, ne déçoit pas les Trekkies. Enfin pas tous.

Clones de Jonathan Mostow (2009)
Restons humains. Veillons à le rester et ne pas laisser des machines nous remplacer.
Une vieille philosophie de la SF, un vieil avertissement. Est-il vraiment réel ce danger ?
Je ne sais pas. Mais cette histoire ne m'a pas vraiment convaincu.
Le film est pas mal. Il se laisse bien regarder, particulièrement la poursuite entre le flic humain et sa collègue clone...

Transformers 2 la revanche de Michael Bay (2009)
La suite donc. J'aime beaucoup Michael Bay, là son talent se confirme avec un vrai film d'action. Mais le film ne m'emballe pas, contrairement au premier.

Terminator 4 renaissance de McG (2009)
Nous voici en 2018 en compagnie de John Connor qui dirige les combats des humains contre les machines. Le film ne tient pas les promesses de la bande-annonce.

Moon de Duncan Jones (2009)
Film sorti direct en DVD. Dommage.
La planète Terre est sauvée du désastre écologique grâce à la fusion nucléaire rendue possible et peu coûteuse avec l'utilisation de l'Hélium 3 (He3) très présent sur la Lune, ce qui est vrai et prouvé à l'heure actuelle.
Un type gère tout seul la base lunaire qui extrait l'He3. Et il le fait pendant trois ans sans interruption en compagnie d'un robot.

Mais... il finit par se trouver seul face à lui-même peu de temps avant la relève. Sous l'œil indifférent du robot de service.
Mais pourquoi se retrouve-t-il face à lui-même ? Qui est l'autre "lui" ?
Superbe scénario, surprenant. Bien filmé, effets spéciaux magnifiques.
Film intellectuel dans le bon sens du terme, à voir absolument.
Petit cours de physique quantique : la fusion nucléaire (celle qui fait brûler le soleil et les étoiles, et qui fait fonctionner la bombe H) est classiquement la fusion de deux atomes d'hydrogène.
L'hydrogène possède un proton seulement.
Mais il y a des isotopes de l'hydrogène. Le deutérium qui possède en plus un neutron, et le tritium qui en possède deux de plus.
Et des isotopes de l'Hélium, comme l'Hélium 3.Lle chiffre 3 indique que cet hélium possède deux protons et un neutron alors que l'Hélium "normal" possède deux protons et deux neutrons. Ce qui fait que l'Hélium 3 est très réactif sur le plan nucléaire !
La fusion de l'Hélium 3 est très énergétique et absolument propre, elle n'émet qu'un proton, soit le noyau de l'atome d'hydrogène ! Si on arrivait à extraire tout l'He3 qui est sur la Lune tous nos besoins en énergie seraient satisfaits et de manière très propre...

Iron Man 2 de John Favreau (2010)

Pas terrible ce deuxième opus. Un peu emberlificoté et sans aucune originalité côté scénario. Peut nettement mieux faire !

Star Cruiser de Jack Moik (2011)
Les éditions Condor semblent spécialisées dans l'édition DVD de films qui ne cassent pas trois pattes à un canard, mais qui sont agréables à regarder. Ça fait du bien de regarder ce genre de film pour se détendre.
Ici on a des vaisseaux spatiaux, des batailles spatiales avec un peu des ingrédients des grands classiques de la SF : *Blade Runner* (cyborgs), *Star Wars*, *Starship Troopers*, *Stargate SG1*...
L'originalité de ce film est aussi le côté « normal » du héros, individualiste, mercenaire, mais pas du tout frimeur, au contraire, très banal d'apparence.

Transformers 3 La face cachée de la Lune de Michael Bay (2011)
Sam Witwicky (joué par Shia LaBeouf) est de retour avec ses Autobots (les gentils) contre les Decepticons (les méchants) ; suite à la guerre des Transformers, un vaisseau spatial de chez eux s'écrase sur la face cachée de la Lune... De fait, la guerre de ces créatures machines est transposée sur Terre. On a droit à des scènes sur le site de la centrale nucléaire de Tchernobyl, etc. On voit que la volonté du président Kennedy d'envoyer un homme sur la Lune était motivée essentiellement par la recherche de cette vaste épave de Transfor-

mers... La mission Apollo 11 avait donc un tout autre but que celui d'aller seulement sur la Lune. Évidemment.
Un film beaucoup trop foisonnant. On s'y perd.
La fiancée de Sam est très très jolie et lui, évidemment, est très très jaloux.
Bien sûr, les effets spéciaux sont bluffants, mais on s'en lasse pour un film bien trop long qui dure 2 H 28 !

Sucker Punch de Zack Snyder (2011)
Quel superbe film!
"Chacun de nous a un ange, un gardien qui veille sur nous..."
Une petite jeune fille est internée dans un asile d'aliénés, par son beau-père indigne.
En fait, ce n'est pas un asile d'aliénés, mais un bordel !
Ça commence comme un conte de fées, ça se poursuit comme un film de Kung Fu... Jubilatoire !
On sait ce qu'on a, hein ? Mais on ne sait pas ce qu'on aura si on s'évade...
Après le Kung Fu, c'est la guerre de tranchées en 14-18, et d'autres choses encore. Avec des zombies, s'il vous plaît !
« Si vous ne vous dressez pas pour une chose, vous plierez l'échine toute la vie. »
« Ah ! Une dernière chose : travaillez en équipe ! »
« Pour ceux qui se battent, la vie a une saveur que ceux qui se protègent ne goûteront jamais... »

« Vous avez toutes les armes en vous : alors, battez-vous ! »
S'évader pour s'en sortir...
Superbe générique de fin !
Ce film est un chef-d'œuvre !

Real Steel de Shawn Levy (2011)
Cette histoire de combats de boxe avec des robots ne m'avait pas vraiment attiré. Je m'y suis mis et j'ai trouvé le film excellent !
Il faut dire que l'idée vient de haut. Car ce film est adapté d'une nouvelle de Richard Matheson, pas moins, l'auteur de *Je suis une légende*...
Cette nouvelle datant de 1956, l'âge d'or de la SF, a pour titre *Steel* (*L'indéracinable* en français). Matheson lui-même avait adapté sa propre nouvelle en tant que scénariste de nombreux épisodes de la série télé *La Quatrième dimension*. L'épisode concerné s'appelait *Des nerfs d'acier* et était réalisé par Don Weis (saison 63-64)
Le titre de l'épisode correspond bien au message de notre film : il faut toujours persévérer, ne jamais se décourager, tenir jusqu'au bout. Pour obtenir la victoire, il ne faut pas avoir peur de la défaite...
Ce film est merveilleux d'humanité. En fait les robots ne sont que... des robots, les objets de la volonté humaine de dépasser la nature, de dépasser ses propres forces, de vaincre les obstacles pour vivre des rapports humains extraordinaires, des rapports d'amour et d'amitié.

Hugh Jackman est formidable comme toujours...

Tears of Steel de Ian Hubert (2012)
Court-métrage hollandais de SF. Une histoire de robots pas claire. L'amour pourra-t-il convaincre les robots de ne pas détruire le monde?
Cela dure 12 minutes...

Prometheus de Ridley Scott (2012)
« Je ne sais rien, mais c'est ce que je choisis de croire. »
C'est ce que le père de la petite fille lui a répondu quand elle lui a demandé comment il savait ce qu'il y avait après la mort. Et c'est aussi ce qu'elle a répondu quand on lui a posé la question si elle savait qu'elle foutait en l'air trois siècles de darwinisme.
On voit un extrait du film « Lawrence d'Arabie ».
Donc, des archéologues font le lien entre différentes peintures rupestres qui représentent un géant montrant du doigt une partie du ciel. C'est une « invitation » disent-ils. Une expédition est donc financée par un richissime armateur...
Ils y vont.
Le film est bien construit, il ne s'attarde pas sur les personnages pour mieux se concentrer sur son thème : l'approche scientifique de la vie et de la mort. Et aussi, la punition qui attend ceux qui font cette recherche sans précaution. C'est le thème de l'infection que

laisse introduire le robot dans *Alien, le 8ᵉ passager*, et que l'on retrouve ici dans le film. Mais ici, cette introduction se fera par plusieurs méthodes, toujours mises en œuvre par un androïde aux ordres de son créateur. Ce qui vaudra au spectateur une terrible scène d'autoavortement.

Ainsi, si la plus forte personnalité de l'équipage du vaisseau restera intraitable face à une tentative visible d'infestation, ce ne sera pas le cas d'une autre tentative, plus pernicieuse. Et à chaque fois c'est le contact avec l'autre, voire même l'amour qu'on lui porte, qui deviendra mortel.

Ce film est très freudien, un personnage n'affirme-t-il pas : « Chacun souhaite la mort de ses parents », et reste très lovecraftien, comme tous les films de la série, avec notamment le monstre de la fin qui n'est pas sans faire penser au grand Chtulhu.

La *Création* est impitoyable !

On découvrira à la fin qui était l'extraterrestre, « *cette créature géante fossilisée au thorax ouvert* » appelée le Space Jokey, qu'on voit dans le film *Alien, le 8ᵉ passager*.

C'est un excellent film.

Robot and Frank de Jack Schreier (2012)
Un retraité cambrioleur se lie d'amitié (!) avec le robot Frank.

Elysium de Neill Blomkamp (2013)
La lutte des classes toujours...
Sur la Terre c'est l'enfer, et là-haut dans l'espace, en orbite, dans la station Elysium, c'est le paradis pour les plus fortunés.
Un accident du travail est à l'origine de tout. Et on pourra se demander pourquoi il n'a pas fait tout ça avant...

Man of Steel de Zack Snyder (2013)
Fallait-il refaire un film sur Superman?
Ben...oui ! C'est superbe : baston, engins spatiaux superbes, sentiments, cas de conscience.
Un vrai retour aux sources.
On trouve même, dans ce film, de la relativité générale et de la mécanique quantique !
À la fin de l'histoire, il faudra beaucoup de travaux pour la reconstruction.
Le meilleur des Superman au ciné...

Iron Man 3 de Shane Black (2013)
Et voici Tony Stark de retour. Un type très fragile, sujet aux crises d'angoisse, ce Tony Stark.
Mais il a une armure d'acier invincible et redoutable avec sa puissance de feu. Le symbole psychologique est évident.
Alors quand il défie le « Mandarin », l'épreuve commence.
Il se fait pote avec un petit garçon qui n'a pas froid aux yeux. Et ce Mandarin est très costaud, très, très costaud...
C'est la guerre entre Iron Man très affaibli et le Mandarin très arrogant.

Parfois on peut payer très cher, très très cher, une petite connerie qu'on a faite sans même s'en rendre compte.
La scène du sauvetage dans le ciel est stupéfiante.
« Nous créons nos propres démons » ! Citation du film.

Pacific Rim de Guillermo del Toro (2013)
Le film commence comme dans *Godzilla* : l'attaque d'un chalutier par un KAIJU, bête géante monstrueuse.
Ils sont arrivés par la brèche au fond de l'océan...
Pour les combattre : la grande industrie, la sidérurgie, la métallurgie lourde et l'informatique.
Superbement tourné ! On y croit !

The Machine de Caradoy W. James (2013)
Le but ? Réparer les êtres humains abimés ? Pas vraiment...
Réaliser des prothèses pour les réparer, oui, mais ce ne sont que des expérimentations pour réaliser un robot, identique en tous points à un être humain, mais surdoué physiquement et mentalement.
Du coup, la question est posée : peut-on remplacer un être humain disparu par ce genre de "machine" ?
Pas complètement, mais un peu...
Histoire éculée, donc. Et puis, il ne faut pas jouer avec le feu. Vous ne le saviez pas hein ?

L'intrigue est un peu plus compliquée que cela, car chacun poursuit son but qui n'est pas le même et parfois contradictoire avec celui ou ceux d'autres personnes.
Une scène évoque celle du film "2001, l'odyssée de l'espace" quand l'astronaute débranche l'ordinateur de bord.
Tout cela finit en apothéose guerrière.

Star Trek into Darkness de J.J. Abrams (2013)
Abrams nous offre un prologue à la James Bond. Tous ces personnages sont insouciants et désobéissants. Enfin surtout le capitaine Kirk !
Les scènes d'action sont très acrobatiques et surtout invraisemblables. C'est cette invraisemblance qui fait leur charme et pour que cela soit le cas, il faut un sacré talent de cinéaste que possède bien Abrams.
Une nouvelle espèce de surhomme aux super pouvoirs, puissants et invincibles, menace la Terre. L'Enterprise est envoyé sur une planète hostile pour arrêter l'un d'entre eux dont on ne connaît pas encore la nature...
En fait, 72 représentants de cette espèce sont nichés, cachés au cœur même du vaisseau terrien.
Le suspens final est époustouflant, et la fin est gigantesque, titanesque, surprenante !
Enfin, plutôt la triple fin... En fait je n'ai pas compté tant il y en a !
On ne s'ennuie pas...

On pourrait conclure par un dicton populaire : « Il faut toujours se méfier de l'eau qui dort. » Si vous voulez comprendre pourquoi, allez voir le film !

X-Men : Days of Future Past de Bryan Singer (2014)
Au début on nous inflige un bavardage pseudo philosophique. Et on se dit : « Ils ne peuvent pas mieux éclairer les scènes qu'on voie un peu mieux ? »
Dans un futur proche, les mutants sont décimés par de méchantes créatures. Les X-Men envoient Wolverine en 1973 pour empêcher la création de ces monstres, « les sentinelles ».
Bon… On finit par voir plus clair sur l'écran. Et quel costaud ce Magneto ! Mais ils en font tous un peu trop quand même. Oma Sy dont on a beaucoup parlé pour ce film, est quasiment absent, juste visible dans une courte scène…

Interstellar de Christopher Nolan (2014)
Ça commence comme dans « Signes » au milieu d'un champ de maïs. Puis on se dirige vers une autre galaxie pour trouver un refuge à l'espèce humaine.
Explorateurs, pionniers : l'essence même de l'Amérique !
Horizon du trou noir, distorsion de l'espace-temps, relativité générale et trou de ver…
Il y a même une définition quantique de l'amour !

Les planètes lointaines sont si étranges ? La gravité courbe l'espace-temps... Superbe film de SF

Tout en disant qu'il s'appuie sur les dernières découvertes en physique et cosmologie, mais que personne n'a encore vu de trou noir et encore moins de trou de ver... Ces « trous » sont nés des équations de la relativité d'Eisntein, équations qui ont trouvé bien des applications et qui, donc, semblent correctes, mais sait-on jamais ?

La mécanique de Newton s'appliquait bien aussi à tout jusqu'à la relativité générale...

Annabelle de John R. Leonetti (2014)
Une diablerie avec portes qui claquent toutes seules...
Le prologue est un peu con, car il explique la hantise de la poupée.
Puis on se retrouve en compagnie d'un jeune couple qui attend un enfant. Le futur père offre à la future maman une... poupée ! Car elle collectionne les poupées.
Puis, le couple se fait violemment agresser par un couple de dingues. C'est très violent. Et une goutte de sang coule dans l'œil de la poupée. Aïe !
Après l'agression la femme arrache une promesse au mari.
Le cinéaste jour sur les plans fixes qui annoncent un évènement parfois inattendu.
Le même thème central de ce genre d'histoire : la victime de la hantise se heurte au(x) sceptique(s) et d'autres grands clas-

siques de ce genre de films : la bibliothèque, les livres et l'érudit(e).
Mais, si même l'exorciste ne peut rien y faire, où allons-nous ?
"Le sacrifice plaît à Dieu".
La fin est gérée par les époux Warren, enquêteurs de l'étrange. Voir le film de James Wan "The Conjuring" (2013)

Transformers âge de l'extinction de Michael Bay (2014)
On est désormais habitué à ces drôles de « machines » et que vont-ils donc nous montrer pour nous surprendre ? Parce que c'est quand même le quatrième film « Transformers » !
On regarde et on ne s'en lasse pas ! Faut dire que le réalisateur sait mettre la gomme !
Des types réussissent à fabriquer le métal malléable des Transformers. Mais c'est comme avec Frankenstein, tout n'est pas prévisible.
« Le problème de la fidélité à une cause, c'est que la cause finit toujours par te trahir ! »
Ce film est gigantesque, dantesque ! Spielberg a-t-il mis sa patte avec ces dinosaures ou Godzilla Transformers ?
On ne s'en lasse pas je vous dis !

Cell Phone de Tod Williams (2014)
Sortie DVD en 2017
Adaptation du roman ***Cellulaire (Cell)*** de Stephen King (2006)
Scénario Stephen King et Adam Alleca.

À l'aéroport tout est normal. Scènes de la vie quotidienne. Tout le monde, ou presque, a le téléphone portable vissé à l'oreille. Y compris le personnage principal qui téléphone à la mère de son fils et qui parle à ce dernier ensuite. Mais son téléphone s'arrête : il n'a plus de batterie. Chance pour lui. L'épidémie se déclenche alors. Toutes les personnes qui téléphonent avec leur portable deviennent fous furieux et massacrent les autres, ceux qui ne téléphonaient pas. Quelqu'un appelle les secours... avec son portable et se retrouve aussi contaminé.
C'est l'Apocalypse comme seul Stephen King peut l'inventer !
Une poignée de survivants se réfugie dans le métro et emprunte les tunnels à pieds. Soudains le téléphone portable sonne. Il faut résister au réflexe de répondre et l'étendre.
Notre héros veut partir pour retrouver son fils. Il est accompagné d'une jeune femme et d'un vieillard. Ils rencontreront d'autres rescapés et rencontreront les téléphoneurs (ces espèces de zombies que sont devenus ceux qui téléphonaient...) furieux qui chercheront à les tuer ou à les contaminer. Le voyage ne va pas être facile. Des phénomènes étranges influent sur les téléphoneurs quand le soleil se couche.
« *Peut-être l'humain sur la planète Terre sera un seul organisme géant.* » Il y a une petite discussion sur les écrivains de SF.
Tout est très horrible.
« *Je croyais qu'en vieillissant on ne faisait plus de cauchemars.*

> - Si ! On en fait toujours, mais ils vieillissent avec nous. »

« Orphée est descendu jusqu'aux enfers pour ramener sa bien-aimée sur Terre ! »

Transcendence de Wally Pfister (2014)
Johnny Depp joue le rôle principal dans ce film un peu vaseux.
La "Transcendence" c'est migrer l'Intelligence Artificielle (IA) vers une intelligence qui regroupe et surpasse les intelligences de tous les êtres humains depuis qu'ils existent.
Voilà ce que voulait faire le professeur Will Caster. Mais il a été attaqué par un terroriste et empoisonné au polonium. Il est condamné irrémédiablement.
La question que se pose sa femme avec un ami : comment télécharger tout ce que contient le cerveau de ce génie de Will ?
Une histoire de zombie électronique ! Qui devient Big Brother...
Et la solution ? Dans le sacrifice !
Un film très écologiste, ou comment l'IA peut conduire à l'écologie.
Bizarre ? Pourtant si ! Regardez le film...

Autómata de Gabe Ibanez (2014)
Nous sommes en 2004, le monde est dans une situation postapolyptique. Il y a eu d'énormes éruptions solaires et il n'y a plus que 21 millions d'habitants sur Terre.
Et il y a des robots. Ils n'obéissent pas aux trois lois de la robotique d'Asimov, mais à deux protocoles : 1) Ne pas nuire à toute

forme de vie 2) Ne pas nuire à lui-même ou à d'autres robots.

Les robots passent au « garage » comme nos voitures quand elles sont en panne. « Un vrai travail d'orfèvre, d'horloger plus exactement. » Déclare une femme chargée de faire ce boulot. Ici les robots ne sont pas stylisés, ce sont de grosses mécaniques avec une intelligence artificielle. On n'est qu'en 2044... Cette femme a récupéré un robot modifié, donc le deuxième protocole a été violé !

Le personnage principal (celui qu'on voit sur l'affiche) est agent de l'assureur de la compagnie ROC qui construit ces robots. Il est las, très fatigué. « Au bout du rouleau », dit-il à son supérieur. Il y a un peu de *Blade Runner* dans ce film.

Quelques citations :

« Survivre ne sert à rien, C'est vivre qui importe ! »

« La vie surgit partout quand elle en a l'occasion. »

On entend même la chanson *La Mer* de Charles Trenet. « La mer qu'on voit danser, le long des golfes clairs, a des reflets d'argent. »

Un très beau film sur l'intelligence artificielle et l'avenir de l'humanité...

D'avoir créé ces robots, même très frustres, l'humanité épuisée n'a-t-elle pas engendré l'espèce qui lui succédera ?

Robocop de José Padhila (2014)
Remake du film de Paul Verhoeven.
Il y a un prologue « anti-impérialiste » avec robots policiers à Téhéran (!)
« Qu'y a-t-il de plus important que la sécurité du peuple américain ? » En fait, ce sont des méchants qui invoquent la « sécurité du peuple américain »... Faut être méchant, non, pour dire ça ?
Une multinationale (ah ! ces multinationales impérialistes !) veut proposer des robots pour le maintien de l'ordre. Mais les robots n'ont pas de conscience, donc faisons un être mi-homme mi-robot, il aura une conscience lui !
« On va mettre un homme dans une machine ».
Le scénariste a pris le film de Paul Verhoeven complètement à rebours. Un truc rigolo genre père Fouettard est devenu un tract anti-impérialiste...
Qui commande Robocop : l'homme ou la machine ?
L'humain cède de plus en plus la place à la machine. Ce n'est qu'une question de réglage...
Gary Oldman est superbe ! Hormis le volet idéologique, c'est un film superbe !
C'est un film gauchiste, mais pourquoi pas ?
Les autres films :
Robocop de Paul Verhoeven (1987)
Robocop 2 d'Irwin Kershner (1990)
Robocop 3 de Fred Dektar (1992)
Et puis il y a eu la série télé!

Star Wars : le réveil de la Force de J.J. Abrams (2015)
Épisode VII : à la recherche de Luke Skywalker.
Il y a bien longtemps, dans une galaxie lointaine, très lointaine...
Toujours ce mélange de technologie et de fantasy.
Les vaisseaux spatiaux font toujours du bruit dans l'espace (très énervant). Pourtant on savait que « dans l'espace on ne vous entend pas crier. »
Harrison Ford a pris un coup de vieux, comme l'histoire du film aussi.
Ils bricolent le vieux vaisseau tout rouillé et combattent des monstres avec une grosse bouche pleine de dents et des tentacules. Les méchants ne savent pas tirer, sauf le chef, bien sûr. Et ne parlons pas de toutes ces histoires de famille...
Comment faire pour vaincre un tel ennemi ?
C'est simple : yakafocon !

À la poursuite de demain (Tomorrowland) de Brad Bird (2015)
De quoi sera fait demain ? AH ?! Difficile à dire ! Touchez le Pin's magique.
« Où veux-tu aller ? Vers l'arrière ou vers l'avant ? »
Eiffel, Jules Verne, Tesla et Edison, sont à l'origine des voyages dans le temps. Ah ! Ces Français...
C'est de la SF Mickey Mouse.

« Guérir le monde. » Une histoire de tachyons. Il y a des robots aussi, des gentils et des méchants.
« Ça va marcher ?
- Il va falloir faire en sorte ! »

The Avengers Age of Ultron de Joss Whedon (2015)
Les Avengers attaquent la base de Hydra où se trouve le sceptre de Loki. Grâce à lui, ils vont jouer avec le feu et créer le programme Ultron, un programme pour la paix, mais qui ne comprend pas sa mission.
Le combat est difficile, chaque Avenger est confronté à son passé et l'amour est impossible.
Maximoff met chacun d'entre eux en face de lui-même.
Les Avengers se retrouvent livrés à eux-mêmes sans l'aide de la technologie pour affronter Ultron. Ils n'arrêtent pas de jouer avec les allumettes et il y a des retournements de situation à répétition. Qui sont les méchants ? Qui sont les gentils ?
Une nouvelle matière apparaît et de gigantesques bagarres.
C'est le deuxième film de la franchise. Il en est prévu deux autres par Joe et Anthony Ruosso, mais c'est pour 2018 et 2019...

EX Machina d'Alex Garland (2015)
Un jeune geek est embauché dans un centre de recherche sur l'Intelligence Artificielle (IA).

En fait, il s'apercevra qu'il en est le cobaye, car il doit créer et entretenir une relation avec une IA, physiquement, un robot féminin.

Ce centre est complètement isolé au sein d'une nature grandiose et quasiment inaccessible.

Dans ce complexe high tech, il n'y a que Nathan - le dieu qui a créé le fameux moteur de recherche Blue Book (suivez mon regard) - et une jeune femme d'origine asiatique, muette et qui sert à tout faire... car Nathan la traite comme une esclave.

Le robot est une jeune femme nommée AVA. La relation du jeune geek avec elle est très intéressante.

La question fatidique se pose donc : l'IA est-elle une personne ?

Voilà comment Nathan voit l'espèce humaine : « Des singes debout, vivant dans la poussière, avec un langage et des outils primitifs... »

L'histoire est pleine de rebondissements. C'est aussi un film à suspense. L'ambiance est tendue entre Nathan, dominateur et alcoolique, le jeune geek et Ava...

On ne s'ennuie pas une seconde !

Terminator Genesys d'Alan Taylor (2015)

Le 5e opus de la franchise. Patrick Lussier a participé au scénario.

Les dialogues commencent à 57 minutes de film. On peut facilement enlever 21,2 minutes de film sans préjudice.

On voit la machine avec laquelle ils envoient les Terminator dans le passé.

On comprend mieux le premier film. Tout le beau monde de ce dernier se retrouve le 12 mai 1984. Peuvent donc pas se démerder sans John Connor ?
Pas génial ce film. Dommage...

Chappie de Neil Blomkamp (2015)
Le réalisateur est engagé : il défend les immigrés et les ouvriers contre les méchants capitalistes et politiciens. Il l'a largement prouvé dans ses films précédents : "District 9" (2009) et "Elysium" (2013)
Ici il condamne l'exploitation honteuse des robots !
Ça se passe en Afrique du Sud. Le gouvernement utilise des robots pour faire régner l'ordre. Pas très original. Toujours la lutte des classes : voyous des ghettos contre multinationales. Ils ont raison de voler, hein ? Puisqu'ils n'ont rien.
Sigourney Weaver joue le rôle de chef de la multinationale qui construit les robots.
On la voit souvent jouer ce genre de rôle dans de petits films.
Le concepteur de ces machines (un Geek jeune et étourdi, comme il se doit) a trouvé un truc, une IA développée capable d'apprendre pas elle-même et l(implante dans un robot flic désaffecté Scout22. C'est le début de la fin, évidemment.
Un concurrent dans son labo a conçu un engin de guerre indestructible (enfin, il le croit), mais dirigé à distance par un être humain. Il

n'est pas content, car la police ne veut pas utiliser son engin, les robots vont très bien.
Un peu de tendresse dans un monde de brutes ?
Même les méchants gangsters du début deviennent gentils. Tu parles ! Ce sont de pauvres gosses des ghettos. Tous des salauds, mais ce n'est pas de leur faute, car la vie est dure.
Ensuite ça vire au grand guignol...
« On est des moutons noirs, maman ! »
Ce film énerve, mais réussit à vous faire aimer les robots ! Pas mal, hein ?

Alien : Covenant de Ridley Scott (2016)
Un vaisseau transporte une « cargaison » de colons en route vers une planète à coloniser. Il rencontre un « vent solaire » qui endommage ses « voiles de recharge ». L'équipage est réveillé par le robot qui conduit le vaisseau. Pendant la réparation, un message provient d'une planète proche qui semble habitable. Doivent-ils y aller pour éviter de retourner en sommeil artificiel ?
Ils arrivent donc sur une planète inconnue sans prendre la moindre précaution sanitaire ! Même pas un masque à poussière...
L'infection par les spores produit un alien dans le corps à une vitesse record.
Ils retrouvent des traces du Prometheus... Puis ils rencontrent David, le rescapé du Prometheus.
Une fois de plus, c'est le « synthétique » qui est à l'origine de tout. Et à la fin, ce sont les

méchants qui gagnent. Le scénariste devait faire une dépression…

Rogue One : A Star Wars Story de Gareth Edwards (2016)
Une planète tellurique avec des anneaux (bof…)
C'est compliqué, il y a plein de lieux et de personnages, mais le problème est simple : l'Empire construit une arme pour détruire les planètes, alors les rebelles ont besoin d'une petite jeune fille très brutale pour régler cela…
Des vaisseaux spatiaux en grosse ferraille. Des robots pareils… C'est comme si vous faisiez voler des transports de troupes blindés !
Une espèce de pieuvre géante lit dans les pensées. Original, non ?
Toujours les mêmes goûts pour les déserts, les nomades, les « civilisations » orientales, le mélange des races, la populace dans des rues étroites… La fascination du Tiers Monde… Toujours les mêmes remords : le Vietnam, l'Afghanistan, l'Irak.
Les soldats sont très nuls évidemment (un antimilitarisme caché…). Les scénaristes et responsables des effets spéciaux pourraient faire un effort pour rendre leurs vaisseaux vraisemblables.
La bataille fut giganteeeesque. Ces gros engins sur pattes sont totalement inefficaces et vulnérables.
Un film de guerre, c'est un film de guerre.
Heureusement que les aveugles ont la Force avec eux.

À la fin l'espoir !

Transformers The Last Knight de Michael Bay (2017)
Prologue moyenâgeux très con. Puis ensuite une pâle imitation de Stalker avec des enfants un peu bébête.
Soudain Megatron réapparaît. C'est très très mal joué. C'est peut-être fait exprès ?
« Y en a toujours un qui dirige les autres », qu'elle dit. Normal, faut bien qu'ils aient un point faible.
Les dialogues se veulent surréalistes.
Tout cela pour en arriver au dernier chevalier de la Table ronde.
Ça se passe dans l'espace, sur Terre, sur mer, sous l'eau, au Moyen Âge, dans le présent, dans le futur...
Le scénario est très simple : il y a des cons qui vont sauver le monde, mais ne le savent pas, d'autres qui font tout pour les en empêcher, mais ne le savent pas non plus, et d'autres encore, méchants qui veulent détruire la Terre.
La dernière demi-heure vaut le coup : gigantesque bataille et effets spéciaux super Transformers. Le reste ne vaut pas tripette.

Blade Runner 2049 de Denis Villeneuve (2017)
L'image est sombre, le rythme est long et on s'ennuie jusqu'à la vingtième minute.
Les restes d'une femme décédée en 2019 sont dans un coffre sous terre sur la propriété du

réplicant tué par l'agent spécial K. Ces restes sont ceux d'une réplicante enceinte ! Ce qui semble impossible : les réplicants ne se reproduisent pas. « Ce que vous avez vu ne s'est en aucun cas produit, » déclare le chef de K... « Mon travail est de maintenir l'ordre ! » Ajoute-t-il. Les réplicants ont-ils une âme ? Mais K mène quand même l'enquête.

Le film nous offre des décors épurés, des personnages rares et bavards.

La scène du détective qui interroge un vieux retraité dans une maison de retraite est assez éculée.

Les réplicants ne doivent pas se reproduire !

Après quarante-cinq minutes, je m'ennuie toujours...

K (Sapper Morton) part à la recherche de Rick Deckard, le Blade Runner du premier film. Joué par Harrison Ford...

Peut-être qu'avec le temps ce film deviendra un chef-d'œuvre, mais là, non...

Le cheval de bois noir, le petit jouet constituent-ils le lien ?

« Tu es né, pas fabriqué, puis soigneusement caché, » lui dit Joi, la femme numérique.

Le réalisateur utilise beaucoup de décors réels, peu d'effets spéciaux.

Après 1 H 28 minutes 46 secondes de film, voici Harrison Ford/ Rick Deckard !

La séance de coups de poing est caricaturale.

« Mourir pour la bonne cause, c'est la chose la plus humaine qu'on puisse faire ! »

« Amour ou précision mathématique... »

Un film trop langoureux, scénario faiblard, plans où ne voit rien...
Peut-être que, parce que je suis déçu, je suis injuste ?
Ce n'est pas un mauvais film. Surprenant, c'est tout.

Valérian et la cité des mille planètes de Luc Besson (2017)
Le prologue (le rêve de Valérian) assez cucul et les premières scènes de Valérian et sa coéquipière Lorelin avec grosse drague ne sont pas très originaux. Le rêve de Valérian n'en était pas un, mais était un « message ». Le style jeune étudiant bobo faussement décontracté de Valérian est agaçant. Idem pour Lorelin.
Ils ont des casques de joueur de hockey... les touristes.
Qu'est-ce qu'on s'ennuie.
Alpha : la cité des mille planètes. 1,3 milliard de kilomètres parcourus depuis une orbite terrestre. (Ce n'est rien du tout 1,3 milliard de kilomètres ! Pluton est à 6 milliards de kilomètres du soleil ! 1,3 milliard de kilomètres est la distance entre la Terre et Saturne !)
Une menace (radioactive) grossit à l'intérieur d'Alpha...
Etc.
Tout cela manque beaucoup de maturité. Parfois est même consternant...

Terminator de Tim Miller (2019)...

Listes de films sur les robots

Ces listes ont été arrêtées en 2004.
D'autre part, elles ne sont pas exhaustives ! Vous trouverez même bien des films chroniqués ci-dessus et non indiqués dans cette liste, et vice versa...

Robots, ordinateurs et intelligence artificielle

Du robot de « Metropolis » en passant par l'ordinateur qui se révolte dans *2001 L'odyssée de l'espace* et le robot de *Mondwest*, jusqu'aux « réplicants » de *Blade Runner*, l'homme réfléchit sur l'autonomie que peut (doit) prendre la créature vis-à-vis de son créateur. L'Homme n'est-il pas la créature de Dieu ?

Le Golem (Paul Wegener et Carl Bœse) 1920 – **Aelita** (Jakov Protazanov) 1924 – **Metropolis** (Fritz Lang) 1927 – **Les Contes d'Hoffmann** de Michael Powelll et Émeric Pressburger (1951) – **Le Jour où la Terre s'arrêta** (Robert Wise) 1951 – **Les Survivants de l'infini** (Joseph Newman et Jack Arnold, ce dernier est non crédité) 1954 – **Planète interdite** (Fred M. Wilcox) 1956 – **The Invisible boy (Le cerveau infernal)** de Herman Hoffman (1957) – **Prisonnières des**

Martiens (Inoshiro Honda) 1957 – **Alphaville** de Jean Luc Godard – **Les Daleks envahissent la Terre** de Gordon Flemyng (1966) – **2001 L'odyssée de l'espace** (Stanley Kubrick) 1968 – **THX 1138** (George Lucas) 1971 – **Silent Running** (Douglas Trumbull, 1972) – **Woody et les robots** (Woody Allen) 1973 – **Mondwest** (Michael Crichton) 1973 – **Casanova** de Fellini (1976) – **Génération Proteus** de Donald Cammell (1977) – **La Guerre des étoiles** (George Lucas) 1977 – *Les deux autres volets de la trilogie :* **L'empire contre-attaque** (Irvin Kershner) 1980, et **Le retour du Jedi** (Richard Marquand) 1983, produits par George Lucas – En 1999, **Star Wars Épisode 1 la menace fantôme** et en 2001 **Épisode 2 : la guerre des clones**, de George Lucas – **Galactica la bataille de l'espace** de R.A Colla et A.J. Levi 1979) – **Le Trou noir** de Gary Nelson 1979 – **Alien** (Ridley Scott) 1979 – Trois suites à ce jour : « **Aliens, le retour** » de James Cameron (1986), « **Alien 3** » de David Fincher (1992) et « **Alien la résurrection** » (1997) de Jean-Pierre Jeunet. – **Star Trek** (Robert Wise) Plusieurs suites bien sûr : « **Star Trek II : la colère de Khan** » par Nicholas Meyer (1982) et « **Star Trek III : à la recherche de Spock** » de Leonard Nimoy (1984) – « **Star Trek IV : retour sur Terre** » de Leonard Limoy (1987) – « **Star Trek V : l'ultime frontière** » de William Shatner (1989) – « **Star Trek VI : Terre inconnue** » de Nicholas Meyer (1991) – « **Star Trek generations** » de David Carson (Picard prend le relais...) (1994) – « **Star Trek premier contact** » de Jonathan Frakes (1997) et « **Star Trek insurrection** » de Jonathan Frakes (1998) – **Saturn 3** (Stanley Donnen) 1980 – **Blade Runner** (Ridley Scott) 1982 – **Tron** (Steven Lisberger) – **Tetsuo** de Shinya Tsukamoto (1983) – **Tetsuo 2 Body Hammer** du même – **Runaway l'évadé du futur** de Michael Crichton (1984) – **Terminator** (James Cameron) 1984 – La suite, réalisée par le même, est encore mieux : « **Terminator 2, le jugement dernier** » (1991) et – **Terminator 3 : le soulèvement des machines** de Jonathan Mostow (2003) – **D.A.R.Y.L.** de Simon Wincer (1985) – **2010 odyssée 2** (Peter Hyams) 1985 – **Robocop** (Paul Verhœven) 1987 – Suites : « **Robocop 2** » d'Irvin Kershner 1990 – « **Robocop 3** » de Fred Dekker 1992., et encore jusqu'au N° 5 je crois... – **Cyborg** d'Albert Pyun 1989 – **Total Recall** (Paul Verhœven) 1990 – **Edward aux mains d'argent** (Tim Burton) 1991 – **Ghost in the Shell** (Mamoru Oshii) 1995 – **Planète hurlante** (Christian Duguay) 1996 – **Alien la résurrection** (Jean-Pierre Jeunet) 1997 – **Perdus dans l'espace** (Stephen Hopkins) 1998. – **Small Soldiers** (Joe Dante) 1998 – **Virus** (John Bruno) 1998 – **eXistenZ** (David Cronenberg) 1999 – **Matrix (La Matrice)** (Larry & Andy Wachowski) 1999 et – **Matrix Reloaded** de Larry et Andy Wachowski (2003) et – **Matrix Revolutions** – **Planète rouge** (Anthony Hoffman) 2000 – **Final Fantasy** (Hironobu Sakaguchi) 2001 Les créatures de l'esprit – **A.I.** de Steven Spielberg (2001) – **I, robot** d'Alex Proyas (2003) – **Robots** (2005) film d'animation

Séries télé avec Robots :
Docteur Who – **Star Trek.** – **Au-delà du réel.** – **Au-delà du réel, l'aventure continue** – **L'Homme de l'atlantide** – **L'Homme qui valait 3 milliards** – **Robocop** – **Perdus dans l'espace** – **X-files** –, etc.

Mondes virtuels

Tron (Steven Lisberger) 1982, premier film qui raconte les aventures d'un être humain entré dans le circuit informatique d'un jeu – **Jusqu'au bout du monde** (Wim Wenders) 1991, un savant fou, caché au fin fond de l'australie, invente un système pour voir ses rêves (enfin...) – **Le cobaye** (Brett Leonard) 1992, un simple d'esprit devient un surdoué grâce à la « réalité virtuelle ». Il se vengera des humiliations subies – **Le cobaye 2 cyberspace** (Farhad Mann) 1995, Jobe, le surdoué ancien débile, a survécu à l'explosion... – **Le tueur du futur** (Rachel Talaly) 1993, l'esprit d'un psychotique est transporté dans le réseau informatique et téléphonique des États-Unis... – **Brainscan** (John Flynn) 1994, un jeu informatique d'horreur devient réalité ! – **Strange Days** (Kathryn Bigelow) 1995, en 1999, on saura enregistrer les rêves... comme dans le film « Jusqu'au bout du monde » de Wim Wenders. Étonnant, non ? – **Johnny Mnemonic** (Robert Longo) 1995, ici, au siècle prochain, on utilise le cerveau à la place des disquettes qui ont vraiment une trop faible capacité ! – **Rewind** de Sergio Gobbi (1997) – **Nirvana** de Gabriele Salvatores (1997) le virtuel devient réel... – **Ouvre les yeux** d'Alejandro Amenabar (1997) prolonger la vie virtuellement – **eXistenZ** de David Cronenberg (1998) un jeu bio-informatique. – **Matrix (La Matrice)** de Larry et Andy Lwachowski (1999). Ici, c'est le monde tel que nous le vivons qui est virtuel ! – **Avalon** de Mamoru Oshii (2000) On peut atteindre le paradis à condition d'être très bon.

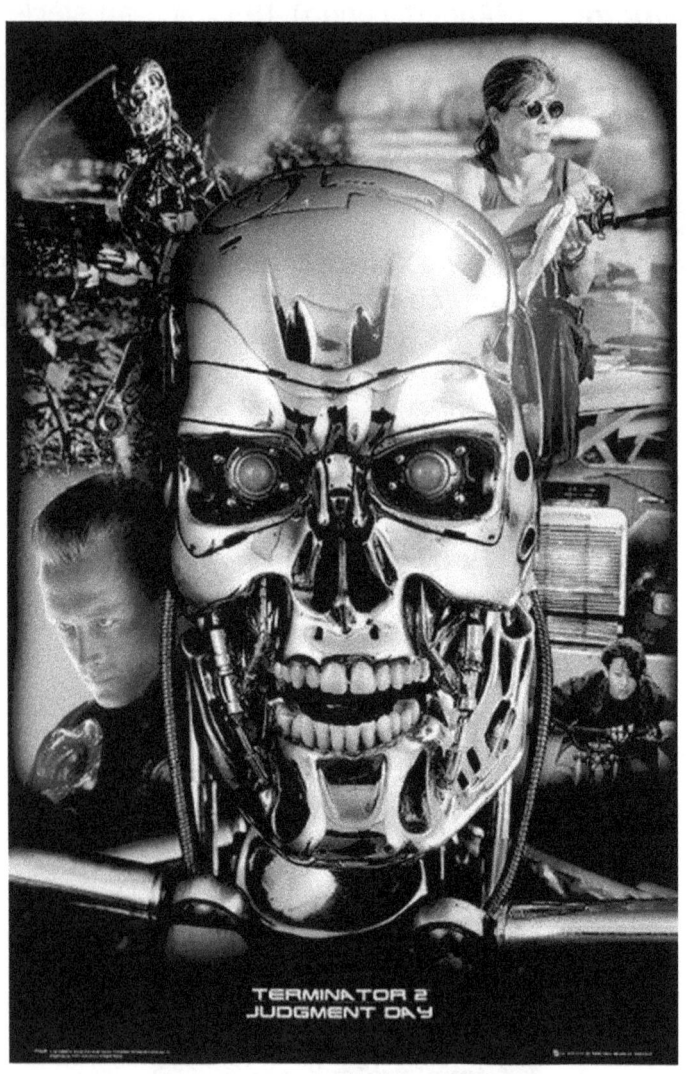

Séries télé

Au-delà du réel. Série américaine en 49 épisodes noir et blanc de 1963 à 1965. Par Leslie Stevens et Ben Brady. Peu connue en France, cette série est, à l'époque, celle qui mêle le mieux fantastique pur, terreur et science-fiction. Chaque générique fait entendre le commentaire suivant : « *Ce n'est pas une défaillance de votre téléviseur, n'essayez donc pas de régler l'image. Nous avons le contrôle total de l'émission, contrôle du balayage horizontal... contrôle du balayage vertical. Nous pouvons aussi bien vous donner une image floue... qu'une image pure comme le cristal. Pour l'heure qui vient, asseyez-vous tranquillement. Nous contrôlerons tout ce que vous verrez et entendrez. Vous allez participer à une grande aventure et faire l'expérience du mystère avec :... AU-DELÀ DU REEL* ».
Elle est reprise aujourd'hui avec le titre *Au-delà du réel, l'aventure continue*, de nombreux épisodes couleur. 1994 – 1996. Le même commentaire est repris avec un générique très fantastique plein d'effets spéciaux.
Cette série poursuit la tradition d'un mélange d'histoires d'extraterrestres effrayantes et de fantastique. Il y a plusieurs sortes d'extraterrestres. Ceux du film pilote d'abord ; des espèces d'insectes ramenés de Mars par une expédition scientifique, élevés en fraude par un chercheur dans sa grange.

Quelle imprudence ! Il y a un sénateur qui découvre des extraterrestres et commence à lutter contre eux avant de s'apercevoir qu'il en est un aussi. Un extraterrestre qui envahit le corps d'une jeune vierge qui absorbe alors ses amants pour nourrir le monstre qui est en elle. Un épisode résume toutes les histoires d'extraterrestres : *La Voix de la raison*. Un autre épisode développe d'une manière originale le thème du robot avec *Valérie 23*. D'autres histoires sont de la terreur pure comme cette histoire de maison hantée dont les murs sont vivants. La science-fiction pure est aussi présente avec un épisode comme *Avenir virtuel* dans lequel une machine à images virtuelles permet de voir l'avenir proche. Beaucoup d'inventions dans les scénarios font de cette série une véritable anthologie.

Docteur Who. Série britannique de 695 épisodes (!) En noir et blanc pour les six premières saisons et couleurs ensuite. 1963 à 1981. Vous connaissez les Daleks ? Non ? Ce n'est pas étonnant, car cette série culte en Grande Bretagne est peu connue en France puisqu'elle n'a fait qu'une brève apparition sur nos petits écrans en 1989. Voyages dans le temps et lutte contre les Daleks, le Mal personnifié... En 1996, Geoffrey Sax a réalisé un film pour la télévision, *Le Seigneur du temps*, qui rend hommage à cette série.

Star Trek. Série télévisée américaine en 79 épisodes couleur créée par Gene Roddenberry. 1966. De grands écrivains ont élaboré les scénarios des épisodes : Robert Bloch, Richard Matheson, Théodore Sturgeon. Gigantesque saga de space opera : le croiseur Enterprise explore le cosmos et rencontre des extraterrestres. Le personnage le plus célèbre de la série est le fameux Spock, le Vulcain. Le succès de cette série est tellement grand que Robert Wise réalise le premier film *Star Trek : le film* (1979), bientôt suivi de suites : *Star Trek 2 – la colère de Khan* (1982) de Nicholas Meyer ; *Star Trek 3 – à la recherche de Spock* (1984) de Leonard Nimoy ; *Star Trek 4 – Retour sur terre* (1987) de Leonard Nimoy ; *Star Trek 5 – The Final Frontier* (1989) de William Shatner ; *Star Trek 6 – terre inconnue* de Nicholas Meyer (1992) – *Star Trek generations* de Deavid Carson (1994) – *Star Trek, premier contact* (1997) – *Star Trek : insurrection* (1998) ces deux derniers réalisés par Jonathan Frakes – *Star Trek : Némésis* de Stuart Baird (2002). Plusieurs films télé et dessins animés, séries télé encore en cours de création... Et la saga continue...

Star Trek Deep Space Nine. Star Trek existe depuis de nombreuses années. Dans ce pilote on retrouve le capitaine Picard. La politique galactique est dure à suivre, mais ce qui est important c'est que c'est linéaire. Sauf dans notre tête, bien sûr, à nous les humains. Rappel : on n'entend rien dans l'espace !

Lexx (Ron Olivier) 1996. Science fiction + magie + aventures = sciences fantasy. L'ordre divin des vingt mille planètes et « *Sa Divine Nécrose* » exercent une dictature de l'esprit. Voilà une histoire typiquement américaine dans l'esprit d'Edgar Rice Burroughs modernisé. On est tout simplement époustouflé par les décors et les effets spéciaux lors du premier épisode. Ensuite on s'habitue et on s'ennuie (un peu seulement, ne soyons pas trop exigeants). Magnifiques objets spatiaux (Lexx, le vaisseau le plus insecte de la galaxie !) – magnifiques monstres organiques (les « *voracéphales* ») et mécaniques – décors somptueux et... gothiques. L'humour est très bon.

Stargate SG1 – Atlantis – Universe

Stargate SG1
Stargate SG1 est un développement du film "Stargate" dans lequel est découvert un artefact en Égypte en forme de cercle et qui permet de se rendre sur une autre planète. Ainsi, les pyramides égyptiennes sont en réalité des systèmes d'atterrissage d'extraterrestres qui ont déporté des humains sur une planète nommée Abydos.

Sur cette planète règne Ra, le Dieu égyptien qui s'avère être un extraterrestre aux terribles pouvoirs.

Deux personnages de ce film sont repris dans la série : le colonel Jack O'Neill et le docteur Daniel Jackson. Ils ne sont pas joués par les mêmes acteurs que dans le film. On est un peu gêné au début, mais ensuite on s'habitue. Jack O'Neill est joué par Richard D. Anderson (celui qui avait joué Mike Gyver) et Jackson par Michael Shanks.
Brad Wright et Jonathan Glassner ont développé ce thème pour la télévision et en ont fait une des meilleures séries de SF (pour moi c'est la meilleure).
Ils ont imaginé que des milliers de planètes de la galaxie (puis d'autres galaxies) possèdent une porte des étoiles. Et qu'ainsi on peut voyager dans ces planètes, qui pour beaucoup d'entre elles sont peuplées d'êtres humains venus de la Terre et déportés là par des extraterrestres, les Goa'ulds, qui se font prendre pour des dieux.
L'armée de l'air américaine organise donc des unités spéciales d'exploration de ces planètes nommées SG (pour Star Gate). La plus prestigieuse d'entre elles est SG1.
Elle est composée de quatre personnes : le colonel O'Neill (qui sera promu au grade de général), le capitaine Samantha carter (qui sera promue au grade de lieutenant-colonel), le docteur Daniel Jackson et Teal'c, un extraterrestre Jaffa.
Cette équipe est composée de deux scientifiques : le colonel Samantha Carter - une très grande physicienne capable de se mêler de mécanique quantique et de cosmologie - et le

docteur Daniel Jackson - anthropologue, spécialiste des mythologies et des langues anciennes (et modernes d'ailleurs). C'est de la science fiction pure.

Le personnage de Carter est le personnage le plus intéressant de la série. Elle personnifie l'émancipation de la femme (ce qui plaît beaucoup à de jeunes fans féminines de la série) : une femme séduisante (très "sexy" comme aime à le répéter Rodney Mc Kay), mais aussi très guerrière et très savante.

Elle joue un rôle décisif dans l'équipe.

Carter c'est l'anti Bimbo, mais elle est belle et intelligente. Voici ce que dit Amanda Tapping dans un des bonus du DVd : « Mon personnage est un mélange de Jack O'Neill et Daniel Jackson. Une sorte d'hybride. (…) Le but de cette série est de divertir le public, lui permettre de se poser des questions en l'emmenant ailleurs pour qu'il se demande : "Est-ce possible ?" Oui ! ça l'est. »

Daniel Jackson est un peu caricatural avec son air ahuri (l'acteur n'est pas excellent il faut le dire) et Jack O'Neill aussi avec son humour un peu lourd.

Quant à Teal'c il est à l'image de son physique : lourd et renfermé.

Il exprime des mots et des formules assez étudiées par les scénaristes afin de montrer ses difficultés à comprendre notre civilisation.

Il répète souvent « En effet » pour simplement exprimer on accord et ces deux mots seront les derniers de la série dans le dernier épisode (1020 "Le Temps d'une vie")

Si nous sommes antimilitaristes, ne nous laissons pas rebuter par l'organisation militaire : O'Neill est un indiscipliné chronique et seule carter est très disciplinée, car elle a hérité cela de son père qui était général. D'autre part, il n'est jamais question de défendre l'impérialisme, au contraire, le docteur Jackson (avec souvent un peu de niaiserie) est là pour défendre les intérêts des peuples et des cultures.

Il y a bien sûr de nombreux personnages secondaires que nous retrouverons avec plaisir dans le récite des épisodes ci-dessous : le sergent Siler (qui se balade toujours avec une clé anglaise à réparer quelque chose), le sergent qui ouvre la porte et décline « chevron un enclenché », etc. qui finira par avoir un nom bien tard dans la série…

On peut également être surpris de constater que tous les peuples humains rencontrés parlent la même langue que les explorateurs. C'est une ellipse nécessaire à cause de la courte durée (42 minutes) d'un épisode. On voit mal consacrer la moitié de chaque épisode à la traduction !

Enfin, la série connaît de nombreuses histoires d'amour. La plus récurrente est celle entre Carter et O'Neill qui, comme c'est toujours le cas dans les séries télé, est un amour impossible.

Mais aussi avorté, car, l'acteur Richard D. Anderson qui joue O'Neill a quasiment quitté la série à la saison 8, car il en avait marre d'être éloigné de sa famille, le tournage de la série se déroulant à Vancouver.

Cette série reprend bien des thèmes de la série "Au-delà du réel, l'aventure continue", avec les mêmes réalisateurs pour certains épisodes, comme Mario Azzopardi pour le pilote de SG1 et d'autres épisodes. Les producteurs sont les mêmes pour les deux séries.

Elle a été tournée sur les mêmes lieux que X-files et on retrouve souvent dans SG1 et Atlantis des acteurs de X-files.

Comme Mitch Pileggi (Walter Skinner dans X-files), Robert Patrick (John Doggett dans X-files) et d'autres. Amanda Tapping a joué dans "Au-delà du réel l'aventure continue", saison 4 épisode 13 "Le Raid des Vénusiens", Dans la série Millenium (le X-files bis de Chris Carter) dans l'épisode10 de la saison 3 "Sursis" (elle n'y est pas doublée par la même comédienne française) et dans X-files saison 3 épisode 21 "La Visite", dans lequel elle subit une autopsie par Dana Scully.

De nombreux acteurs de la série "Au-delà du réel, l'aventure continue" jouent dans SG1.

Don S. Davis, qui jour le général Hammond dans SG1 joue le père de Dana Scully dans X-files et Megan Leicht (que l'on voit dans quelques épisodes de SG1) joue le rôle de la sœur de Mulder : Samantha.

Nous voyons aussi dans SG1 l'acteur qui joue "L'homme à la cigarette" dans X-files (dans SG1 c'est un prêcheur Ori).

Teryl Rothery qui joue la délicieuse docteur Frasier dans SG1 (jusqu'à l'épisode 718 "Heros 2" où son personnage meurt) joue dans l'épisode 11 de la saison 2 de X-files "Excelsis Dei" (elle joue l'infirmière dans la maison de retraite).

On reconnaît également bien des lieux communs entre les deux séries.

Ce qu'il leur est arrivé !

Nos quatre amis de l'équipe SG1 ont subi bien des vicissitudes tout au long des plus de 200 épisodes de la série...

Ils ont tous été soumis à des transformations (sauf Teal'c je crois). Ils ont eu leur double robotique ou autres et aussi des doubles dans des réalités parallèles : Carter, O'Neill, Jackson, Teal'c.

Carter a été infectée deux fois par un Goa'uld O'Neill une fois (0301).

Les méchants ne le sont jamais complètement, car ils ont leur motivation pour l'être et des excuses (y compris les Goa'ulds, devenus méchants à cause de leur sarcophage de survie)... et les gentils sont parfois devenus méchants. Les gens sont tous gentils (comme Jackson dans le 0205) mais le Mal peut les habiter parfois.

Le thème de la possession par un être extérieur est omniprésent.

Les religions n'ont pas la cote malgré la tolérance de Jackson qui frise parfois la niaiserie. Ce thème sera hypertrophié avec les Oris dans les deux dernières saisons et le film *L'arche de la vérité*.

Enfin quasiment tous les amours sont impossibles, particulièrement ceux de Carter avec O'Neill (surtout dans la saison 4, mais on ne sait pas ce qu'ils font dans les derniers épisodes de la série...), Martouf, Pete avec lequel elle a failli se marier... Mais aussi Jackson avec Sha're et Linea... Même O'Neill connaîtra des amours impossibles ici ou là... Seul Teal'c semble toujours connaître l'amour épanoui...

De Stargate SG1 à Stargate Atlantis et Stargate Universe

À partir des deux derniers épisodes de la saison 7 de Stargate SG1 (21 et 22 : "La Cité perdue") est né le "Spin Off" de Stargate SG1 : Stargate Atlantis. Voir ci-dessous le récit de ces deux épisodes. À partir de la découverte d'une base des Anciens en Antarctique, on découvre que ces derniers viennent d'une autre Galaxie, celle de Pégase et on retrouve leur cité, la cité d'Atlantis. Là-bas est installée une base terrienne internationale sous le commandement du docteur Elizabeth Weir. Cette dernière est jouée dans les épisodes 721 et 722 de SG1 par Jessica Steen une blonde plaisante et par Torri Higginson une brune plaisante dans les épisodes 801 et 802, et ensuite, dans les saisons 1 à 3 de Stargate Atlantis.

Elle sera remplacée par Samantha Carter dans la saison 4. cette dernière, occupée par sa nouvelle série "Sanctuary" quitte cette fonction dans la saison 5 remplacée par l'ineffable Woolsey (joué par Robert Picardo) ... Ce personnage, comme beaucoup de personnages de la série connaît une évolution assez surprenante. L'actrice Torri Higginson (Elizabeth Weir en brune) n'aime pas qu'on lui pose la question sur ce changement de comédienne pour ce rôle. Quand elle a été engagée, elle ne savait pas que le rôle avait été interprété par une autre actrice pendant deux épisodes.

Les hommes et les femmes d'Atlantis connaîtront un ennemi terrifiant : les Wraiths.

Les Wraiths sont des êtres intelligents de la galaxie de Pégase où se trouve Atlantis.

Cette race est née d'une symbiose entre des humains et un insecte. Ils ont la particularité atroce de ne pouvoir se nourrir que des êtres humains en leur aspirant leur énergie vitale par un orifice placé sur la paume de leur main droite.

Un "E2PZ" (ZPM en anglais) est une petite machine légère inventée par les Anciens qui permet d'extraire l'énergie du vide. Cette série, aussi bien que Stargate SG1 utilise beaucoup de concepts de la mécanique quantique (aujourd'hui on dit la physique quantique des champs...)

Les Anciens sont la race (aujourd'hui disparue) qui a construit la cité d'Atlantis dans la galaxie de Pégase.

Elle avait également laissé divers artefacts sur Terre, artefacts qu'on a retrouvés en Alaska. Cette découverte (relatée dans Stargate SG1) a été le début du spin off de Stargate SG1 : Stargate Atlantis.

L'action de "Stargate : Universe" se situe principalement sur le *Destiny*, un vaisseau spatial utilisé autrefois par les Anciens pour une expérience. Elle a eu lieu il y a des millions d'années, mais ne fut jamais aboutie ; elle consistait à voyager dans les contrées les plus reculées de l'univers grâce au neuvième chevron de la Porte des Étoiles et deux appareils : un vaisseau automatique chargé de placer les Portes suivi par un autre chargé proprement dit de l'exploration.

C'est sur ce vaisseau qu'embarqueront les héros de la nouvelle série, qui sera justement centrée sur les explorations et les avancées permises par ce 9ème chevron...
L'action démarre sur les chapeaux de roue avec la sortie très violente de nombreuses personnes d'une porte des étoiles dans un endroit clos. Puis par une série de flash back on apprend petit à petit comment tous ces gens sont arrivés là, sur un vaisseau des Anciens.
La réalisation est excellente. Le scénario très recherché et il s'appuie bien sur toute la mythologie des portes des étoiles. Les fans de Stargate SG1 et Stargate Atlantis n'ont pas été déçus j'en suis sûr.
On prend un grand plaisir à revoir Jack O'Neill (l'acteur a pris un sacré coup de vieux...), Samantha Carter et Daniel Jackson qui jouent un rôle important au début, car la porte des étoiles aux neuf chevrons a été découverte sur la planète des Anciens. Mais elle a été attaquée par des Goa'ulds et il faut fuir, car la

planète va exploser. Au lieu de composer les coordonnées de la Terre sur la porte des étoiles, le professeur compose l'adresse avec le neuvième chevron qui emmène toute la colonie dans un vaisseau Ancien antédiluvien.
Il y a de nombreux personnages. La difficulté est de les faire vivre tous. Mais cela fonctionne très bien : chaque personnage prend bien sa place et son caractère bien campé ainsi qu'une esquisse de son histoire personnelle.

Comment la science fiction moderne intègre-t-elle les dernières découvertes de la mécanique quantique ?

De grands auteurs américains de hard science le font avec plus ou moins de bonheur.
Au cinéma c'est assez rare; j'ai détecté cette utilisation dans le film "Déjà vu" assez intéressant sur les voyages temporels. L'explication scientifique tient assez la route.
Je suis en train d'étudier les séries "Stargate" (SG1 et Atlantis) et là c'est le summum.
Toute l'intrigue "scientifique" de la série est basée sur la mécanique quantique. Les "discours" scientifiques de Carter semblent incompréhensibles pour le commun des mortels (et surtout pour O'Neill), mais en réalité quand on écoute bien, les fondements scientifiques sont assez solides.
D'autre part, tout le système de base de l'intrigue est axé sur la théorie de la mécanique quantique : les portes des étoiles, l'E2PZ (qui utilise l'énergie du vide...), etc.

Dans un épisode dans lequel Carter fait un exposé scientifique à des étudiants, on voit clairement sur le tableau derrière elle un diagramme de Feynman....

Franchement il y a un vrai effort de réalisé pour rendre crédibles les "inventions" scientifiques de la série à partir de la mécanique quantique (également de la théorie de la relativité, mais cela est moins nouveau...)

Cet "apport" scientifique vient m'a-t-on dit de Brad Wright l'un des deux producteurs exécutifs et scénariste...

Voici ce que dit Amanda Tapping à ce sujet :

« Maintenant, je m'enferme régulièrement dans des bibliothèques scientifiques pour décrypter les dernières trouvailles en astronomie. Ce n'est pas toujours évident à mémoriser, mais c'est indispensable pour mon rôle dans Stargate, car, parfois, je dois enchaîner vingt phrases de bla-bla technique... et j'ai réalisé que tout était plus simple quand on comprenait le script ! »

Quatre styles majeurs d'envahisseurs dans SG1
Animal attack

Cafards voraces venus d'une autre planète via un cercueil (917)

Insectes géants qui transforment leurs victimes en insectes identiques à masses égales (Teal'c est contaminé : 210 "Le Fléau")

Des insectes sont visibles sur Terre à cause de la superposition de deux dimensions (pas dangereux) 613

Maladies / virus
Hathor, une (très jolie) Goa'Uld distille un poison qui rend les hommes totalement soumis à elle (114 "Hathor")
Fléau lancé sur Terre par les Oris
Robotique / bionique
Téléchargement d'une entité informatique dans un hôte, en l'occurrence Samantha Carter . Dans cet épisode l'actrice montre tout son talent de comédienne. (420 "L'entité")
Eau capable de s'infiltrer dans un hôte (701)
Organisme de l'orbe.
Réplicateurs : des organismes "métalliques" intelligents qui se reproduisent à grande vitesse en assimilant toute matière et savent répliquer d'autres créatures, par exemple les humains. Plusieurs épisodes sont consacrés à ces individus peu recommandables et même Carter va se trouver répliquée, et son double "RépliCarter" va être à l'origine d'une tentative d'invasion de la terre via le SGC. On apprend comment sont nés les Réplicateurs dans l'épisode 519 "Invasion".
Cristaux bleus : du coup O'Neill est dédoublé. Une bonne occasion pour présenter le personnage et ses problèmes personnels. (107)
Espèces intelligentes
Les Goa'ulds : ce sont des parasites intelligents qui infectent des hôtes, d'abord les Unas (des espèces de monstres sauvages) qui sont originaires de la même planète que les Goa'Ulds, et ensuite des humains. Ils ont une forme de serpent et pénètrent dans l'organisme de l'hôte pour le dominer complè-

tement. Ce sont eux qui ont utilisé les portes des étoiles (fabriquées par les "Anciens") pour déporter les peuples de la Terre sur d'autres planètes dans notre Galaxie. Les deux épisodes 120 "Dans le nid du serpent" et 201 "La Morsure du serpent" racontent la tentative de destruction de la Terre par Apophis un maître Goa'Uld. Bien d'autres épisodes sont consacrés aux tentatives de divers maîtres Goa'uld d'envahir la Terre.
Il y a aussi des gentils Goa'Ulds : les To'Kras. Ils ont organisé la résistance contre les grands maîtres Goa'Ulds. Samantha Carter a été infectée par Jolinar, un To'Kra. Ces To'Kras n'infectent que les hôtes consentants, par exemple le père de Carter qui est mourant et qui, ainsi, pourra guérir de son cancer grâce à son symbiote...
Des Aliens pouvant prendre forme humaine se sont infiltrés au SGC : SG1 se voit remplacé par leurs doubles Aliens (314 "Invasion")
Les Oris apparaissent en fin de la série. En effet, les Goa'ulds étant quasiment éradiqués (il ne reste plus qu'un survivant : Baal, les scénaristes ont dû inventer un nouvel adversaire. Les Pris sont une fraction des "Anciens", ces êtres humains ultra évolués qui ont créé les portes des étoiles et qui ont abandonné tout intérêt matériel jusqu'à perdre eux-mêmes leur matérialité par ce qu'ils appellent l'ascension, au cours de laquelle ils se transforment en pure énergie intelligente. Alors que les anciens fidèles à leur philosophie, se sont interdit d'intervenir dans le monde matériel,

les Oris se prennent pour des dieux et imposent leur religion aux humains. Il y a une invasion Ori dans l'épisode 915. On retrouve les Oris dans le film qui a suivi la fin de la dixième saison de SG1 : *Stargate SG1 the Ark of Truth*... (Voir critique ci-dessous)
Les Esprits (211). SG1 rencontre sur une planète un peuple qui développe la même tradition que les Amérindiens, notamment en ce qui concerne leur lien avec dame Nature.
Ils font confiance aux Esprits pour régler tous leurs problèmes. En réalité ces Esprits sont des Aliens qui savent prendre la forme des animaux et même des humains. Ils tentent d'envahir le SGC, car ce dernier a fait des erreurs concernant le peuple d'Indiens de cette planète.
"Faux amis" : les Aschens. Deux épisodes sont consacrés à ce peuple qui tente de liquider les Terriens par stérilisation. L'épisode "2010" (416) au cours duquel nous nous trouvons en 2010 alors que la Terre s'est soumise aux Aschens et "2001" "Les Faux amis" (510) au cours duquel, malgré l'avertissement reçu dans l'épisode 416, la Terre prépare un accord avec les Achens, sous la pression de l'ignoble Sénateur Kinsey.
Les Reetous sont des Aliens invisibles persécutés par les Gao'Ulds, et dont une fraction a décidé de liquider l'espèce humaine pour que les Goa'ulds n'aient plus d'hôtes. Ainsi le SGC accueille une maman invisible d'un enfant joué par le même acteur que celui qui joue l'enfant à moitié Alien de X-files.(220) On re-

trouvera le même thème dans Stargate Atlantis, les Réplicateurs en guerre contre les Wraiths (grâce à une programmation réalisée par Rodney Mac Kay), ont décidé d'exterminer la race humaine, car elle sert de nourriture aux Wraiths.

Les films
Stargate SG1 The Ark of Truth (L'Arche de vérité) (2007)
Réalisateur/scénariste : Robert C. Cooper
Le voilà enfin le film tant attendu après la fin de la dixième et dernière saison de *Stargate SG1* ! Il est vrai qu'on se console assez bien avec le Spin Off *Stargate Atlantis*, d'autant plus que la 4e saison a vu l'arrivée de Samantha Carter. Mais revenons à *The Ark of Truth*.
Le 19e épisode de la 10e saison[1] de Stargate SG1 nous avait laissés sur notre faim: Adria (la fille de Vala, Dieu faite femme par la grâce des Oris) avait fait son ascension et on n'a pas pu savoir si les Oris avaient été détruits. Quant au Goa'Uld Ba'al, le dernier de sa race, on ne sait pas non plus s'il encore vivant. Ce film est donc la suite qui traite des Oris. On verra dans quelques semaines l'autre film qui traite de ce que Ba'al est devenu (*Stargate SG1 : Continuum*)
The Ark of Truth commence sur la planète des Alterans : ces derniers vont quitter la planète après une discussion hautement philosophique

---

[1] Le 20e épisode raconte comment SG1 est prisonnier d'une faille de l'espace temps…

et éthique sur l'utilisation ou non de l'Arche contre leurs frères ennemis les Oris. Ce genre de débat philosophique est bien la marque de fabrique de la série. Ils décident de ne pas l'utiliser. Et quittent la planète qui s'appelle Dakara.

On passe immédiatement sur un gros plan de Daniel Jackson qui vient de déterrer un artefact.

Qui peut être cette Arche de vérité qui a le pouvoir de faire croire ce qu'elle est programmée à faire croire. Les Oris semblent avoir été détruits, mais ils ont laissé derrière eux leurs armées et leurs prêcheurs complètement endoctrinés. Les Terriens eux n'ont pas les mêmes soucis éthiques : ces armées sont prêtes à emprunter la super porte de leur galaxie pour envahir la terre et l'Arche pourrait servir à "désendoctriner" ce beau monde.

Donc ils ont trouvé cet artefact. Mais il s'avérera que ce n'est pas l'Arche et ils sont attaqués par des soldats Oris dirigés par Tomin, le mari de Vala (oui, pour bien suivre il faut connaître un peu la série[2], mais ce n'est pas nécessaire). Ils mènent une enquête qui les amène à chercher l'Ortus Mallus du livre des Origines, car les Oris voyaient l'Arche comme le Mal incarné, bien sûr. Sur le plan éthique on assiste à une discussion intéressante entre Tomin et Teal'c, autrefois esclaves

---

[2] Voir le site officiel de la série : http://stargate.mgm.com/. Les sites français : http://www.anneau-des-dieux.com/ et http://www.stargate-fusion.com/

de dictateurs sanglants, à propos leur culpabilité vis-à-vis des horreurs qu'ils ont alors commises.

Les scénaristes n'aiment pas les politiciens et ils en infligent un autre à SG1, un type chargé de faire un audit sur l'activité de SG1 pour la CIS (commission internationale de surveillance).

Ce type va faire dégénérer la mission de SG1 qui a emprunté l'Odyssée pour se rendre sur Dakara. Ils devront affronter divers ennemis, dont les réplicateurs, ces innombrables petits crabes d'acier qui envahissent l'Odyssée.

Quelle action, quel suspens, quel Space Opera ! Quel courage et quelle détermination de Mitchell, Carter[3], Jackson, Teal'c et Vala !

Pour les fans de la série, c'est le fun comme on dit, et pour les autres aussi d'ailleurs.

À la fin, Carter offre des macarons à Mitchell, confectionnés selon la recette de la grand-mère de ce dernier. C'est une allusion à la fin de l'épisode 1012 "La Grande Illusion" quand Mitchell lui amène des macarons alors qu'elle se remet d'une terrible blessure.

Stargate Continuum de Martin Wood (2007)
Scénario Brad Wright

On est de suite dans l'ambiance au SGC : les quatre de SG1 (dont les deux colonels) marchent dans les couloirs en tenue militaire couleur sable. Ils se rendent vers la porte des

---

[3] La jolie Amanda Tapping a les cheveux longs et joue un peu plus décontractée.

étoiles. L'ineffable Vala arrive évidemment en retard. Heureusement, ce personnage va vite disparaître... L'actrice va jouer le rôle du Goa'uld que Vala fut autrefois. SG1 se rend sur la planète To'kra pour assister à l'extraction du parasite Goa'uld de Ba'al.

Sur place ils retrouvent Jack O'Neill. La scène des derniers moments de Ba'al est stressante : tout est fait par le réalisateur pour suggérer que ce ne sera pas la fin du Goa'uld ! Il VA se passer quelque chose...

Puis, alors que Vala et Teal'c disparaissent mystérieusement, on nous emmène en 1939 dans un cargo qui navigue sur l'Atlantique nord. Il transporte une mystérieuse cargaison dont on va deviner la nature en entendant le bruit qu'elle fait soudain.

Tout cela est excellemment filmé.

Il se passe donc de drôles de choses sur la planète To'kra où doit se dérouler l'exécution du parasite Goa'uld de Ba'al : après les disparitions de Vala et Teal'c, Ba'al tue Jack o'Neill avant d'être tué et les trois rescapés (Cameron, Carter et Jackson) reprennent la porte des étoiles pour arriver... sur le bateau dont je viens de vous parler plus haut !

Une de ces histoires de réalités parallèles, de paradoxe temporel, toujours si bien traitées dans la série.

Nos trois amis devront donc régler ce "paradoxe", contre Ba'al et sa compagne (la Vala infectée par son Goa'uld) et contre les autorités de la Terre de cette nouvelle réalité.

Ce deuxième film est à la hauteur de la série et du film précédent. Le scénario reprend tous les thèmes de la série avec une très belle réalisation.
Vivement le prochain !
Pour une vision complète de cette série avec une chronique par épisode, jusqu'à la 10e saison, se reporter à mon ouvrage publié chez Amazon : ***Stargate le guide.***

Battlestar Galactica in **Galactica, la bataille de l'espace** : une saison de 24 épisodes (2003), et un téléfilm en deux parties à ne pas manquer. C'est le pilote de la série. La bataille sans merci entre les humains et les Cyclons, droïdes créés par l'homme. Tous les thèmes de la guerre sont traités avec brio : l'honneur, la trahison, l'amour, le sacrifice.
La première série date de 1978, créée par Glen A. Larson.

Black Mirror de Charlie Brooker (2011)
Série télé britannique. Deux saisons de 3 épisodes.
Que deviendrons-nous dans quelques années ? Les nouvelles technologies mais aussi les mœurs vont influer sur nos vies. Voici comment l'envisagent les créateurs de *Black Mirror* !
Superbe série télévisée.
Les titres des épisodes sont de la rédaction et non pas des producteurs de la série.
0101 : La truie !
Il y a de l'idée.

Ça paraît tellement plausible. C'est pourtant tellement ignoble. Quelles sont les motivations d'un preneur d'otage ? Quelle bande de cons les « gens » !

0102 : Hot Shot
Un peu comme ça notre vie... Désespérant. On ne peut pas s'en sortir. Toujours prisonniers de la production et de ceux qui la dominent. On bosse, on regarde les écrans et on rebosse et on reregarde les écrans. Et quand on veut s'en sortir on tombe au-delà de l'écran.

0103 Le grain des souvenirs... mortels...
C'est fort ! Très fort et si vrai ! Un petit soupçon né d'une scène vue de manière subreptice. Du subliminal presque... Et si on pouvait grâce à une merveilleuse invention retracer les souvenirs ???? Mais... en fin de compte, ne vaut-il pas mieux ne pas savoir ?

0201 Ton esprit, ton TOI est sur la Toile !
Même quand tu meurs, tu restes, car presque tout ton TOI est sur la Toile ! Mais la copie ne vaut pas l'original. Ils ont été trop loin, mais qui sait ?

0202 FILME ! (Ours Blanc)
Il faut toujours payer sa dette. Dans la vie courante, la peine n'est jamais équivalente à l'horreur du crime. Mais là...

0203 WALDO...
Ah ! La télé ! Deviendra-t-elle aussi ignoble ? L'avenir des « Guignols de l'info » et du « tous pourris... » Voilà où ça va nous mener...

Real Humans de Lars Lundström (2012)
Le titre original est "Äkta Människor", le nom d'un groupe qui lutte contre les robots appelés ici hubots. Les hubots sont des machines utiles pour le ménage et aider les enfants à faire leurs devoirs. Ils savent aussi avoir des rapports sexuels.
Cette série traite des rapports.... humains entre les humains et les hubots et aussi de l'humanité de ces hubots.
Thèmes bien connus de ces histoires de robots. Mais ne vous y trompez pas : cette série approfondit la question, fouille la nature humaine, détaille les problèmes de ce qu'est l'humanité. Les humains sont-ils les seuls à en être ? Les hubots ne sont-ils pas aussi humains ?
La petite fille aime mieux Anita la hubot que sa mère, car cette dernière est "toujours fatiguée" contrairement à Anita. Il se forme même des couples mixtes humains - hubots...
Il y a aussi des hubots dédiés au sexe, comme des sextoys...
Une série très intéressante.

Perdus dans l'espace de Matt Sazama et Burk Sharpless (2018)
Série produite par Netflix.
La reprise de la série du même nom de 1960.
Une belle famille américaine, des parents aventureux, mais très responsables et leurs enfants, l'un et encore un jeune enfant et les deux autres des adolescents sont en voyage pionnier quand leur vaisseau est attaqué par

une monstre mécanique et toute la petite équipe se retrouve sur une planète inconnue.

Le petit garçon se lie d'amitié avec un étrange robot invulnérable qui va être reconnu comme l'entité qui a massacré les passagers de leur vaisseau. Mais pourtant le robot obéit à l'enfant au doigt et à l'œil.

Belle mise en scène, beaux paysages extraterrestres avec la faune et la flore qui va avec, beaux portraits psychologiques très caricaturaux... Une série très familiale, mais qui vaut le coup d'œil.

Westworld de Lisa Joy et Jonathan Nolan (2017)

C'est une série de trois saisons (jusqu'à ce jour) qui reprend le thème du film de Michael Crichton **Mondwest**, interprété par Yul Brynner dans le rôle du robot révolté : dans un parc d'attractions futuriste (pour l'époque de sortie du film en 1973) un robot se révolte contre les humains qui doivent se défendre.

Ici les scénaristes ont pris le thème à l'envers. Le spectateur se trouve du côté des robots, beaucoup plus fluides et épurés que ceux de 1973... Vous savez, le robot qui prend petit à petit conscience de sa « nature »...

Le générique de cette série est un des plus beaux que j'ai vus...

Index

2001 L'odyssée de l'espace 24, 47, 49, 101, 102

2010 odyssée 2 103

À l'ouest rien de nouveau 49

À la poursuite de demain (Tomorrowland) 92

A l'aube du 6e jour 57

A ton image 59

A.I. 58, 104

Abrams J.J. ..74, 84, 92

Aelita 15, 101

Alamo.....................49

Alcalà Félix..........68

Alien..............27, 102

Alien : Covenant 96

Alien 3...........28, 102

Alien la résurrection. 28, 44, 102, 103

Aliens, le retour 28, 102

Allen David 30

Alphaville.. 23, 102

Annabelle...........86

Apocalypse Now 49

Armageddon 56

Arnold Jack. 20, 101

Au-delà du réel 104, 107

Autómata 89

Avalon......... 57, 105

Avengers Age of Ultron (The).... 93

Batman 47

Battlestar Galactica............ 128

Battlestar Galactica : Razor 68

Bay Michael..61, 65, 75, 77, 87, 98

Bekmambetov Timur......71

Besson Luc..43, 100

Beyond-cheon Min 64

Bird Brad......92

Black Mirror...128

Black Shane......82

Blade Runner.28, 37, 41, 101, 103

Blade Runner 2049......98

Blomkamp Neil.11, 95

Blomkamp Neill.82

Bœse Karl....15, 101

Boulanger de l'Empereur (Le)-......16

Brainscan......104

*Brooker Charlie*128

Bruno John..51, 103

Burton Tim..35, 103

*Cameron James*29, 103

Caro Marc......36

Carson David.....36

Cell Phone......87

Chapeau melon et bottes de cuir......48, 51

Chappie......95

Chechik Jeremiah 48, 51

Cherstobitov......22

Chucky 3......51, 62

Chucky la poupée de sang 2......51, 62

Cinquième élément (Le)..43, 49

Cité des enfants perdus (La) 36, 46

Clones......75

Cobaye1 et 2 (Le)......104

Contes d'Hoffmann (Les)......19, 101

Cooper Robert C. 124

Crichton Michael 25, 102

Cronenberg David 54, 103

Crow (The) 45

Cyborg...............103

Daleks envahissent la Terre (Les) 102

Dante Joe 48, 103

Dark City......45, 56

Dead silence....66

DeCoteau David 30

Deep Impact.......56

Dektar Irwin 91

del Toro Guillermo 83

Derrickson Scott 73

District 9 95

Docteur Who 104, 108

Dolls....................32

Donnen Stanley 28, 103

Duguay Christian 40, 103

Edward aux mains d'argent 35, 103

Efremov 22

Elysium 82, 95

Empereur du Boulanger (L') 16

Empire contre-attaque (L') 26, 102

EX Machina 93

eXistenZ ... 54, 103, 105

Existenz 57

Favreau Favreau 76

Favreau Jon........ 69

Fiancée de Chucky (La) 50, 62

Fiancée de Frankenstein (La) 50

Fils de Chucky (Le) 61

Final Fantasy .. 58, 103

Frakes Jonathan 44, 50, 109

Frankenstein 49

Fric Martin 16

Friends 49

Fulci Lucio 32

Garland Alex ... 8, 93

Ghost in the Shell 37, 103

Gobbi Sergio 40

Godard Jean Luc 23, 102

Golem (Le) 15, 101

Gordon Stuart 32

Gremlins 48

Guerre des étoiles (La) 25, 44, 102

Guerre des étoiles (La) : l'attaque des clones 58

Guerre des mondes (La) .. 20, 64

Hardware 35

Haskin Byron 20

Hellraiser IV : Bloodline 37

Hoffman Anthony 56, 103

Homme H (L') 21

Homme invisible 33

Honda Inoshiro 21, 102

Hopkins Stephen 49, 103

Hubert Ian 80

Hunter Simon 68

Hyams Peter 103

I, Robot 59

Ibanez Gabe ... 8, 89

Independence Day 56

Interstellar 85

Iron Man............69

Iron Man 2........76

Iron Man 3........82

Island (The)........61

James Caradoy W. ....

Jeu d'enfant..51, 62

Jeunet Jean Pierre 36, 44, 103

Johnny Mnemonic........105

Jones Duncan.....75

Jour où la Terre s'arrêta (Le)...19, 73, 101

Jusqu'au bout du monde........104

Kershner Irvin...26, 102

Kershner Irwin...91

Klushantsen Pavel 21

Kubrick Stanley 102

L'Arche de vérité................124

Lang Fritz.... 15, 101

Leonetti John R. 86

Levy Shawn........79

Lexx...................110

Lisberger Steven 28, 29, 103

Lucas George.... 25, 58, 62, 102

LundströmLars 130

Lwachowski Larry et Andy......... 60, 103

Machine (The) 83

Maison du diable (La)........................ 32

Man of Steel.... 82

Mancini Don 61

Mangler (The) 36

Mars Attacks !.. 48, 51, 56

Matrix 57, 105

Matrix (La Matrice)..... 53, 103

Matrix Reloaded 60, 103

Matrix Revolutions.....60, 103

McG........................75

Metropolis.15, 101

Miller Tim...........100

Mission to Mars .56

Moik Jack.............77

Momie....................33

Mondwest.25, 101, 102, 131

Monstre est vivant (Le)........................51

Moon....................75

Mostow Jonathan 75

Mostow Jonathant 30, 59, 103

Mutants Chronicles..........68

Natural City......64

Nébuleuse d'Andromède (La) 22

Nelson Gary........26

Newman Joseph 20, 101

Nirvana.......41, 105

Nolan Christopher 85

Nuit des morts-vivants (La)........49

Offenbach............19

Olivier Ron........110

Oshii Mamoru ... 37, 57, 103, 105

Pacific Rim.......83

Padhila José........91

Passé Virtuel... 56

Perdus dans l'espace.....49, 103, 131

Pfister Wally.......89

Planète des tempêtes (La) 21

Planète hurlante 40, 103

Planète interdite.....20, 101

Planète Interdite 21

Planète rouge 56, 103

Posledni Golem .. 19

Poupée diabolique (La) 22

Poupées (Les) 49

Poupées du diable (Les) 49

Poursuite infernale (La) 49

Powell Michael .. 19, 101

Pressburger Emeric 19, 101

Prisonnières des Martiens 21, 102

Protazanov Jakov 15, 101

Proyas Alex ... 45, 59

Pulse 66

Pulse 2 Afterlife 70

Pulse 3 72

Puppet Master 1 – 2 – 3, etc... ... 30

Real Humans 130

Real Steel 79

Retour du Jedi (Le) 26, 102

Rewind 40, 105

Robocop 30, 91, 103

Robocop 2 91

Robocop 3 91

Robot and Frank 81

Rogue One : A Star Wars Story 97

Rusnak Joseph .. 56

Sakaguchi Ironobu 58, 103

Salvati Sergio 32

Salvatores Gabriele 41

Saturn 3 ..... 28, 103

Schmoeller David 30

Schreier Jack 81

Scott Ridley..27, 28, 96, 102, 103

Seigneur du temps...................108

Sept mercenaires (Les) 49

Sept samouraïs (Les) 49

Shonteff Lindsay 22

Singer Bryqn 85

Slecna Golem 19

Small Soldiers 48, 103

Smithee Alan 37

Snyder Zack .78, 82

Soisson Joel ..70, 72

Solaris 22

Sonzero Jim 66

Spielberg Steven 58, 64, 104

Spottiswood Roger 57

Stalker 22, 57

Stanley Richard .35

Star Cruiser 77

Star Trek .. 74, 102, 104, 109

Star Trek : generations 36

Star Trek Deep Space Nine 109

Star Trek generations ... 102

Star Trek II — la colère de Khan 102

Star Trek III — à la recherche de Spock 102

Star Trek insurrection 50, 103

Star Trek into Darkness 84

Star Trek IV : retour sur Terre 102

Star Trek premier contact 44, 103

Star Trek V : l'ultime frontière..........102

Star Trek VI : Terre inconnue 102

Star Wars : le réveil de la Force....................92

Star Wars Episode 1 la menace fantôme..............102

Star Wars la revanche des Sith 62

Stargate...............44

Stargate Atlantis.............116

Stargate Continuum......126

Stargate SG1.110

Stargate SG1 The Ark of Truth 124

Strange Days.104

Sucke Punch....78

Supernatural......33

Survivants de l'infini (Les)....20, 101

Tarkovski.............22

Taylor Alan 94

Tears of Steel. 80

Terminator 29, 49, 100, 103

Terminator 2 .. 30, 103

Terminator 3 30, 59, 103

Terminator 4 renaissance..... 75

Terminator Genesys.............94

THX 1138 .. 25, 102

Total Recall.... 103

Toys......................49

Transcendence 89

Transformers.. 65

Transformers 2 la revanche......75

Transformers 3 La face cachée de la Lune 77

Transformers âge de l'extinction 87

Transformers The Last Knight 98

Tron 28, 29, 103, 104

Trou noir (Le) .26

Tueur du futur (Le) 104

Twister............48, 51

Valérian et la cité des mille planètes 100

Verhoeven Paul .91

Verhœven Paul .30, 103

Villeneuve Denis 98

Villiers Aruna 59

Virus 51, 103

Wachowski Larry & Andy 53, 103

Wan James 66

Wanted 71

Wegener Paul ... 15, 101

Westworld 131

Whedon Joss 93

Wilcox Fred M. ... 20, 21, 101

Williams Tod....... 87

Wise Robert. 19, 32, 101, 102

Wood Martin 126

X-Files.................. 49

X-Men : Days of Future Past 85

Yagher Kevin 38

Yu Ronny 50, 62

Yuzna Brian 32

www.ingramcontent.com/pod-product-compliance
Lightning Source LLC
Chambersburg PA
CBHW022117040426
42450CB00006B/737